尼僧看護師が
みつけた

心の痛みがきえる
28の言葉

玉置妙憂 著

飛鳥新社

文庫化に寄せて

２０２０年の初め、お雑煮に舌鼓を打っていたときには思いもしなかった今日です。日本のみならずこの地球全体がこんなことになるなんて、いったい誰があのとき予測していたでしょう。

コロナ禍。たくさんの尊い命が逝き、たくさんの人が悲しみに暮れました。そして、今もなお、見えない「死」の影に不安を募らせながら過ごす日々です。

こんなにも多くの人が、自分や自分の大切な人のまわりに「死」を感じたことが近年あったでしょうか。しかも、その原因は目に見えず、防ぎようがなく、避けきれない、やっかいなものでした。私たちはこれまで、なんでもかんでも「科学」でつまびらかにしコントロールできているつもりでした。だからこそ、最先端の科学をもってしても明らかにできない正体不明の存在に対する恐れは、計り知れません。

でも、実はこれまでだってそうだったのです。道を歩けば交通事故に遭うかもしれないし、犯罪に巻き込まれるかもしれないし、上から物が落ちてくるかもしれない。事の大小はありますが、いつだって命の危険は決してゼロではありません。

けれど、日々の生活の中で私たちはそんなことを考えもせずに「この命は必ず明日も続いていくものだ」と根拠なく信じ込んできたのではありませんか？

その根拠なき確信が崩されたのです。私たちはもともと「明日をも知れない命」を抱えているのだということをあらためて見せつけられただけなのです。これが、新型コロナウイルスがもたらした大きな事象です。

この大きな出来事は、「何を拠り所にすればいいのか」を私たちにあらためて問うているのではないかという気がしています。私たちは今大きな分岐点に立ち、どちらに行くかを問われているように感じるのです。

どちらに行くかを選ぶとき、報道も学者の見解も、現地を切り取ってきた動画でさえも、単なる材料に過ぎません。材料をどれほどたくさん集めようと自由ですが、いかに集めたとしても材料は所詮、材料。振り回されてはいけない。最終的にはその材料をもとに、どちらに行くか自分で決めなければいけないのです。

行く道はふたつに分かれているように思います。

一方は、他人を疑い、攻撃し、排他し、個々の価値観を受け入れず、己の身を守ることだけに視野狭窄して無明長夜の日々を過ごす道。

もう一方は、それぞれの価値観、やり方を認め、時に妥協しながら互いの生命を尊重し共利群生を叶える道。

さて、私たちはどちらに進むのでしょうか。

振り返ると、２０１１年の東日本大震災のときも、同じような分岐点があったように思います。筆舌に尽し難い苦難の中から、彼の地の人々は「絆」を軸として見事に立ち上がる姿を見せてくださいました。突きつけられた「死」によって腐ることなく、逆に一段階も二段階も精神性を深めて、静かに立ち上がったのです。

あえて言わせてください。「死」を見るから、スピリチュアル（魂）の箱のフタが開く。スピリチュアルの箱のフタが開くからこそ、人は成長するのです。とはいえ、まずは自分のコップが幸せで満たされていなければ、共利も学びもあったもんじゃありません。何事につけても、まずは自分の準備がしっかりとできていなければ成るものも成らないのです。

人生のうちには、脱皮のように爆発的なエネルギーでもって殻を破り、次元上昇する〝機〟が何度かあります。〝機を待つ〟。私たちは人生のたいていの時間をこの〝機を待つ〟ことに費やしてきました。凍てつく冬の間は膝を抱え、縮こまってやり過ごす。春に芽を出すためには、冷たい土の中でじっと待つ冬が必要です。つまり、〝機〟を迎えて大きく跳ね上がるためには、低く沈み込む時間が必要なのです。そして、季節は必ず巡ります。必ず。

私たちは今この状況をどうすることもできません。でも、これを次元上昇のための〝機〟ととらえるか、すべてがだめになった〝災難〟ととらえるかは、あなたの自由です。「冬来たりなば春遠からじ」。冬のあとには春がやってきます。誰にも平等に、何度でも繰り返し、春は来ます。必ず。

今こんなに厳しい冬が来ているのですから、春はもうじきだと信じて、今すこし一緒にふんばってみようではありませんか。

まずは、あなたのコップをいっぱいにして。

2020年　初夏

玉置妙憂

はじめに

夫をわが家で看取ってから、はや7年が経ちました。

夫は当時62歳、「がん」でした。

自宅で夫を看病した時期は、2人の息子の母親として、また病床にある夫の妻として、また現役の看護師として。「ひとり3役」で駆け抜けた、人生でもっとも目まぐるしい、大変な時期でした。

夫の死後、やがて僧侶となって「ひとり4役」に。

以降は、プロの看護師として、高野山真言宗（こうやさんしんごんしゅう）の僧侶として、多くの方々に接してきました。

そのような活動を続けるうち、クリニックの患者さんたちから、今までになかったご相談を数多く受けるようになりました。

「妙憂（みょうゆう）さん、幸せな人生って、どんなものでしょうか？」

「幸せに生きる（死ぬ）には、どうしたらいいでしょうか？」

出家する前は、「どんな治療法がよいのか」「どの薬が効くのか」といった、西洋医学に関するご相談がほとんどだったのに……。

はじめは不思議でしたが、徐々に理由がわかってきました。もしかすると、私は「生きる・死ぬ」を、ひとつながりのものとしてとらえてお話しできるところにいる存在なのかもしれません。

ひとりの看護師として、また僧侶として遠慮なく言わせてもらうと、今の日本の終末期医療はあまり完成されたものではない、という気がしています。

「命があるうち」は医師の領分。

「命がなくなってから」は僧侶の領分。

お世話になる職業が「分業制」になってしまっています。そのせいで悩みが解決されず苦しんでいる方に、数えきれないほどお会いしてきました。

誰しも来し方（過ぎてきた時）を語り、そして、行く末（これからのこと）を相談したいものではないでしょうか。

ですから、その分業制を飛び越えて活動している〝看護師僧侶〟に、「生き死に」を尋ねられるのだ、と気づいたのです。


そしてもうひとつ、私が「人生の最期」について相談を受ける理由があります。

それは――

夫を、「自然死」というかたちで看取ったから、でしょう。

積極的ながん治療を選ばなかった夫は、まるで樹木がゆっくりと枯れていくように、おだやかに美しく、旅立っていきました。

詳しくは【余話】（105ページ）に譲りますが、夫の看取りにまつわる体験は、西洋医学で培った常識をがらりと覆す、稀有なものでした。私の人生も、この日を境に一変したのです。


ここで、「現役の看護師が、在宅医療で家族を看取ったんだから、さぞかし楽だっただろう」と思われるかもしれません。

けれども、それは大きな〝誤解〟です。

たとえば、在宅療養中の最大のカン違いと言えば……。

「別れは、まだまだ先」といつも感じていたことでしょう。

どれだけ看護のプロで、終末期の多くの患者さんたちに伴走してきたというキャリアがあっても。いざ自分の身内のこととなると医学的な知識はどこへやら、余命についての判断力が甘くなり「別れは、まだまだ先」と思い込んでしまったのです。

その証拠に、在宅療養を始めたとき、「あと5年か10年、私は介護生活をするのだろう」という悠長な気分で、ベッドの調達や部屋の模様替えなど、あれこれ準備をしたほどです。

そのような調子ですから、あとは推(お)して知るべし、でしょう。

また「人の人生とはやり直しが絶対にきかない」という当たり前の事実も、夫を自宅で看取る過程で痛感できました。

「父さんと過ごした時期が、懐かしいねぇ」と、息子たちとどれほど語り合っても。過去と同じ場所で、同じ顔ぶれで、同じ出来事を再現することはけっしてできないのです。

どんな手段をもってしても。

再生不可能、ぶっつけ本番の人生。

そんな「一回性」に思いをめぐらせると、私は涙が出るほど、この「人生」というものが愛おしくてなりません。

私は夫のことについてお話をしているとき。なぜだか涙が出てきて困惑をすることがあります。

でも、その気持ちを厳密に表現してみると、「先立った夫に会いたい」という感傷的なものではありません。

「人生とは1回きりのものである」という事実そのものが、私の胸を詰まらせるのです。

そのようなお話を、講演会や法話会、シンポジウムなどで一般の方々にお伝えしていると、

「介護で疲れきっていたけれど、元気になれた」
「将来への不安が軽くなって、心が安らいだ」
「ずっと後悔してきた過去に、踏ん切りがつけられた」
「生きることへの希望が湧いてきた」

という声をいただくようになりました。

特に、「介護の現場でたいへんな思いをしている方々」や、「自分または家族が大きな病と向き合った経験のある方々」からは、温かいメッセージを数多くいただきました。

メディアの皆さんから取材を受ける機会も増え、「本を書いてみませんか」という申し出をいただきました。

文章が取り立ててうまい、というわけではないのですが、

「こんな私の体験談が、もし多少なりとも誰かのお役に立てるのなら……」

そう前向きにとらえて、今回、率直なところをつづらせていただきました。


もしあなたが「生きる」ことに、お悩みがあるのなら。

大切な方が「生（しょう）・老（ろう）・病（びょう）・死（し）」で苦しんでいらっしゃるのなら。

私、妙憂のお話を読んでいただいて、心を少しでも軽くしていただけましたら、それほどうれしいことはございません。

2018年　初夏

玉置妙憂

目次

第2章

人と上手につきあう

余話　最愛の家族を「自然死」で看取るということ

第3章

あわてずに将来へ備える

第4章 きれいに後始末をする

第1章

自分の心をうまく整える

苦しみや悲しみとは、ほどよく距離を置きましょう。人の目なんて気にせず、まずはあなた自身を満たすこと。まわりまわって、それが皆のためなのですから。

まずは、
あなたのコップを
満たしましょう。

「自分のことは後回しにして、まずは人のために全力を尽くさなければ」

そう思い込んでいる人は多いものです。

たとえば……。

子育て真っ最中のお母さん。

職場でサービス残業が当たり前になっている人たち。

在宅介護、さらには〝老老介護〟で疲れきっている方。

「家族のため」「生活のため」「会社のため」と自分に言い聞かせ続け、無意識のうちに頑張りすぎていることが多いものです。

もしかして、あなたもそうではありませんか？

看護師さんや介護士さんなど、医療や福祉の現場で〝プロ〟として働く方も、しかりです。

「仕事だから、ベストを尽くすのは当たり前」

そんな〝プロ根性〟で、プライベートな時間を削ってでも他人様のお世話をすることに生きがいを感じている方も珍しくありません。
実際、私はそのような職業人を大勢目の当たりにしてきました。
けれども残念なことに、頑張りすぎる人ほど、いつの間にか離職していると
いうケースが非常に多いのです。
それはきっと「行きすぎた貢献」に疲れ、自分自身をすり減らし、燃えつき
てしまった結果だと思えてなりません。
この先何年間も、頑張り続ける必要があるのなら。あるいは定年や、体が動
くまで、活動を続けたいのなら。まずは、あなた自身の心を幸せで満たすこと
が大事です。

なぜ、自分のことは後回しにして、人のために全力を尽くしてしまうのか。

その理由のひとつは、

「あなたも少しは休んでいいよ」

「頑張ってくれるのはありがたいけれど、あなた自身のことも大切にしてね」

そんなふうにアドバイスをしてくれる人が、今の日本では少ないからです。日本人特有の精神性なのでしょうか、「ボロボロになるまで、他人に貢献すること」を美徳とする風潮があるように感じます。

私の知人の高橋さん（仮名）のお話をしてみましょう。

高橋さんは数年間ものあいだ、懸命にご主人の介護に専念してこられました。子育てのかたわら、また自分の好きなことも封印して、です。

そんな彼女があるとき、大好きな歌舞伎を数年ぶりに観に行くことを決断しました。家のことはきちんと引き継ぎをして、わずか数時間、息抜きとして「おでかけしたい」と思い、実行したのです。普段は、自分の身づくろいも後回しにして、介護に専念していた高橋さんの心にとって、それは慈雨のような恵みの時間でした。

ところがどうでしょう。お子さん同士のおしゃべりを介して、ひょんなことから「歌舞伎観劇」のことがお隣さんに知られてしまい、ご近所中に噂が広まってしまったのです。

「ご主人が大変な状態なのに、高橋さんったら歌舞伎を観に行ってたんですって」

彼女はその反応に驚き、出かけたことを大変後悔したと言います。


けれども、私は彼女にこう助言させてもらいました。

「あなたの歌舞伎観劇は、正解だったよ。だってそのあと、ご主人に一層やさしくできたでしょう？　まずは自分のコップを幸せの水で満たしていいんだよ。自分のコップが水でいっぱいだから、また誰かに分けてあげられる。あなたのコップが空っぽだったら、ほかの誰にも分けてあげられないでしょう？」

彼女は涙を流したあと、「あのとき歌舞伎に出かけて、数時間のあいだ心の底から楽しんで、よかった」と答えてくれました。

そのあとも、何度か高橋さんに話を聞きました。

彼女は介護の途中に、観てきた歌舞伎の一場面を思い浮かべ、幸せな気分を反すうすることがよくあるそうです。

　やはり、はじめに自分のコップを満たすことは大事なのです。


　仏教でも、同じようなことが説かれています。

「自分のための利益」である「自利」と、「人のための利益」である「利他」。

仏教では、この2つを合わせて「二利」と呼び、「自利」も「利他」も同じように大切だと説いています。

　でも、現場をみていると、「利他」より先に「自利」を満たすことが大切だと、しみじみ感じます。

「自分自身を十分に満たしてからでないと、周りのために貢献などできない」というのがその理由です。


　自分自身が苦しい状況なのに、それを我慢して他人に尽くしたとしても、善意の押しつけになったり、過剰な感謝や見返りを期待してしまったり。

「こんなにやっているのだから感謝されて当たり前だ」などと恩着せがましくなってしまうのです。

それでは、本当の意味での〝貢献〟ではありませんし、人のための利益にはなりにくいのです。何より、苦しいことは長続きしません。

自分自身の生活がボロボロで、心もスカスカで、お肌も髪もパサパサで、「誰かのために尽くす」というのには無理があります。

まずは自分のコップを満たすべきなのです。

とはいえ、「贅沢（ぜいたく）をしなさい」「豪遊しなさい」というわけではないので、誤解をしないでくださいね。

疲れたとき、苦しいとき、悲しいとき。

「好きなこと」「本当にしたいこと」をして心を満たすのは、とても大切です。

たとえば遊園地やテーマパーク、温泉などに一時的に〝避難〟するもよし。

私自身、夫と死別したあとは2~3か月の間に6回も人気テーマパークに子どもたちと出かけました。

テーマパークは、良い意味でエネルギーの〝塊〟です。

当然、そこには暗い影なんて、ひとつもありません。

スタッフの皆さんや着ぐるみの人形たちが、笑顔でもてなして楽しませてくれます。

死別直後で傷心した家族が、そこでたった数時間の〝悲しみからの逃避行〟をして、いったい何を責められることがあるでしょう。

「苦しみ」「悲しみ」と、距離を置けるなら置きましょう。逃げ出せるなら、逃げましょう。

苦しい状況を「耐え忍ぶ」必要なんて、ありません。

それよりも、心を幸せで満たすよう、努力する姿勢が正解です。

あなたのコップは今、満たされていますか？

この世で一番効くお薬は、
時間ぐすり、
日にちぐすり。

看護師として、私はこれまでたくさんの治療薬を扱ってきました。

その経験から言えることがひとつ。

「時間」がときとして、それらをはるかに凌ぐ〝薬〟になってくれるということです。

たとえば、悩みや不安、悲しみがあるとき。

「時間」はその重みを軽くしてくれたり、きれいに忘れさせてくれることがあるのです。


大きな自然災害や事故、不幸な出来事が起こったとき。

その瞬間は誰しも、途方に暮れるような大きな悲しみに、飲み込まれてしまうこともあるでしょう。

けれど長い目でみると、ゆっくりと、ゆるやかに、心は平穏を取り戻していくものです。

人は、大きな悲しみやつらい出来事を、時間とともに上手に心の奥底にしまっていけるようにできているのです。

ただ、「そのために必要な時間の長さ（日数）」については、個人差があります。

「どれくらいの時間がかかるか」予想をするのは、なかなか難しいでしょう。

なにより大事なことは「時間ぐすり」「日にちぐすり」という存在について知っておくことです。

「今の状況はいずれ変わっていくものだ」

「苦しみが永遠に続くわけではない」

「時間が私を運んでくれる、同じ場所にずっといることはない」

そう、もしあなたが何もできないほど落ち込んでいても、大丈夫です。

きっと「時間」が、あなたを別のところへと運んでくれるでしょう。

そうすれば、回り道をしたり、あわてて間違ったものをつかんでしまうことなんて、なくなります。

「もう私は駄目なのだ」とひとりで早合点をして、絶望することも避けられるはずです。

そして、あなたの大切な人が、もし心の癒しを必要としているのなら。

時間ぐすりのことを教えてあげてください。

悲しいときは、泣けばいい。
いずれお腹も空いてくる。

悲しみや苦しみの渦中にいる人に向かって、こんな常套句（じょうとうく）を投げかける人がいます。

「あなたがメソメソしていたらダメ」

「早く元気にならなきゃ！」


たとえその言葉が善意からのものであったとしても。

受け取ったほうは、「えっ？　悲しくても泣いていてはダメなの？」と戸惑ってしまうかもしれません。

そんなときはこう考えて、うまく流してしまいましょう。

「『私のメソメソしている姿』を見ると、心優しいあの人自身がつらくなるから、私にメソメソしないでほしいのだ」


そして、悲しいのであれば、ときにはその感情にドップリ浸（つ）かって、思いっきり泣いてください。

悲しくないフリをして自分をごまかしたり、泣くことを我慢すると、あなたはいつまで経ってもつらいままです。

「泣くこと」は浄化作用のひとつ。悲しみをうまく忘れたり、乗り越えたりするときに必ず必要な作業です。

「泣かないこと」で、回復はどんどん遅れてしまいます。

このお話をすると「私は本当に、ずっと泣いていてよいのでしょうか?」と聞かれることがあります。

私の答えは「はい、いつまでも」。

泣きたい人は、本当に、好きなだけ泣いていてよいのです。

むしろ、ゆっくりと時間をとって、心ゆくまで泣くべきです。

それは、あなたの人生をよくするために課せられた、大事な〝夏休み〟のようなものだととらえてみてください。

学校や仕事だって、休ませてもらえるようであれば、甘えてしまいましょう。

家事や育児も、周りの人の力をうまく借りてしまいましょう。

だって考えてみてください。

涙が永遠に涸(か)れない、なんてことはありえません。


「なんだかお腹が空いたなぁ」

そんな欲求だって、自然に湧いてくるはずです。

さらに数週間、数か月も経てば「泣き疲れた」「もう気が済んだ」、そんな境地にいたれるはずです。

中途半端に泣くことを我慢するから、回復が遅れてしまうのです。

さらに言うと、いったん悲しみがおさまったあと。

たとえば数か月あとなどに、再び涙があふれてくることは珍しくありません。

私はそれを「悲しみの波」と呼んでいます。

家事をしている最中などに、とくに何かが引き金になったわけでもないのに、心が波立って涙が自然にあふれだす……。

私も夫を亡くしたあとは、そんな現象を何度も何度も体験しました。


「悲しみの波」を抑えることは、できません。

でも、抑える必要なんて、まったくありません。

「ああ、また悲しみの波がやってきた」と気づいて、静かに身をゆだねていればよいのです。


とはいえ、悲しみに身をゆだねるにもエネルギーは必要になってきます。

泣くことは浄化の作業なので、スッとする半面、疲れてしまうこともあるでしょう。

ですから、あなたが消耗しきってしまわないためにも、悲しみの波がおさまったら、ご褒美を楽しむよう、おすすめします。

「旅に出る」「温泉に行く」「大好きな美術館やテーマパークで1日遊ぶ」「おいしいものを食べる」……。

もしくはもっとささやかに、「花を買ってきて飾る」ことでもよいでしょう。

「悲しみの波」と「ご褒美」をセットにすることで、恐怖心を遠ざけることもできます。

「悲しみの波にまた襲われたら、怖い」

「悲しみの波がこないでほしい」

無意識にそう思うことが、あなたのストレスになりかねないからです。

「悲しみの波が、またやってきても大丈夫。私にはご褒美がある」

そう思いながら、できるだけ穏やかな気持ちで過ごしていきませんか。

そして、〝先輩〟としてさらにひと言お伝えすると、悲しみの波がやってくる回数は、時の流れとともに段々と減ってきます。

大丈夫です。

安心してください。

寝不足で、
人助けはできませんよ。

お義母さんの介護に奮闘している後藤さん（仮名）という女性は、こう明かしてくださいました。

「介護には休みがありません。ひとりで介護を続けて疲れて果てました」

後藤さんは、自分の趣味をあきらめたどころか、最近は夜中のトイレへの付き添いのため、数か月も睡眠不足なのだと訴えます。それでも彼女は「お義母さんが大変なときに」と思うと、なかなか休む気持ちになれないのだそうです。


そこで私は、「人の欲望には、大欲（たいよく）と小欲（しょうよく）がある」というお話をしました。


大欲というのは「みんなが癒される公園をつくりたいから、お金がたくさん欲しい」というような、利他的で大きな欲です。

一方、小欲というのは、「自分をかっこよく見せたいから、お金がたくさん欲しい」というような、ただただ利己的な欲です。

後藤さんが抱いていらっしゃる「介護を最後までするために、気分転換に温泉に行きたい」という欲は、大欲です。それを満たそうとするのは、素晴らしいことと言えるのです。

すると、後藤さんは「自分自身を満たすにはどうすればいいか」と尋ねてくださいました。

その答えは、たとえば、三食をきちんと食べることです。できれば、心から「おいしい」と思いながら、温かいものは温かい状態で食べる。睡眠もきちんととる。そして、たまにはオシャレして、お気に入りの洋服を着る。「テレビが見たい」「映画を観たい」ときは、できるだけ我慢しない。

そんな小さなひとつひとつを満たすからこそ、介護にも、毎日前向きに取り組める。さらに、心が潤うから、お義母さんにももっとやさしくできるはずなのです。

私がこんなお話をすると、彼女はポロポロと涙を流し始めました。

彼女は、最近ようやくヘルパーさんを頼むことになったと言います。

「しばらくなら留守番をしておきますから、ちょっと休むか、おでかけでもしてきてください」と言われるようになったのだそうです。

「けれども、なんだか楽しんではいけない気がして、ヘルパーさんが家に来てくれても、結局一緒になってお義母さんの身の回りのお世話をしたり、いつものように家事に向かってしまうんです」

こんなふうに、明かしてくれました。でも、それではいったい何のためにヘルパーさんを頼んでいるのかわかりません。

「介護を立派に最期までする」ためには、たとえ人の力を借りてでも、自分の欲をまず満たすべきです。青白い顔で、寝不足でフラフラで、利他ができるわけがありません。

わずかな時間でも、自分の心が満たされることをする。たったそれだけで余裕が生まれて、あとからやさしさを「倍返し」できるほうが、素敵ではないでしょうか？

楽しんでときを過ごすこと。
それに罪悪感を抱かないことです。
人は苦しむためではなく「楽しむため」に生まれてきたのですから。

「私、イライラしてる」
それに気づけば、
イライラは止まります。

あらゆる負の感情は、たとえどんなものでも、早めに〝手放すこと〟が大事です。たとえば、イライラやムカムカといった気持ちです。

とはいえ、「負の感情を手放そう」と思っても、難しいものです。


「感情を手放す」

「何も考えないようにする」

「心を無にする」

これらは、たとえ修行を積んだ人であっても難しいこと。


ですから、もっと簡単に、次のように気づくだけでもかまいません。

「今、私はイライラしているみたいだ」

「あの人のことばかり考えてしまって、昨日から怒りの感情がおさまらない」

このように気づくこと自体が、イライラを止める方法なのです。

じつは人間がイライラ、ムカムカするときには、脳内で「思考のチェーン」と呼ばれる負の連鎖が起こっています。簡単に言えば、負の感情がチェーンのように終わりなくつながっているわけです。

その思考のチェーンをスッパリと断つためには、「自分は△△△のためにイライラしている」と気づくこと、つまり、客観視することが有効なのです。

さらに、イライラやムカムカなど、負の感情に流されないために、誰でもできる簡単な方法があります。

それは「瞑想(めいそう)」です。

次の52ページからの手順を参考にして、一度試してみてください。

もしかすると、最初は「うまくできない」と感じるかもしれません。

けれども1日に1回行うことを習慣づけてみてください。

そうすれば、どこでもすぐにできるようになるはずです。

「気持ちよい」「もっとしていたい」と感じるようになるはずです。

【瞑想の行い方】

◆準備

- 誰からも声をかけられにくい環境をつくる（家族等がいる場合は事前に伝えておく）
- ラクな服装になる（あぐらをかけるような、体をしめつけない服がよい）
- 床に座るか、椅子に座るか、布団に寝転ぶかなどラクな姿勢を決める。

◆やり方

① 気持ちをラクにして座る。あぐら、正座、椅子に腰かける、もしくは寝転んでもよい。

② 体の中心線がストンと真っすぐに、地球の中心まで通っているとイメージする。

③ 静かに、鼻から大きく息を吸う。お腹の丹田（たんでん）（おへその5センチほど下あ

たり）から、息がバーッと入ってくる様子を思い描く。

④　③で息を吸ったときの3倍の長さで、静かに息を吐く。口を細めて、長く吐ききる。

⑤　③〜④を5〜10回繰り返す。耳から聞こえてくる音が、肩から入ってくるようにイメージする。

⑥　「心の中でザワザワしているものが〝沈殿してくる〟」と連想する。

⑦　「ザワザワしているものが沈殿してきた」と感じたら、呼吸のことは意識しないようにする。普段通りの呼吸を行う。

⑧　ここから本格的な瞑想に入る。頭の中に、さまざまなことが思い浮かんで

きても、それをすべて流して、考えないようにする。

（例……「お腹が空いた」と思い浮かんだとき。「お腹が空いているのだ」と気づくにとどめ、「何を食べようか」「ラーメンにしようか」などとそれ以上は考えないようにする）

◆ポイント

はじめは思い通りにいかないかもしれませんが、繰り返すうちにコツがつかめると思います。そうして慣れてきたら、電車の中などで行ってもよいでしょう。決まりはないので、立った姿勢、座った姿勢、どちらで行っても大丈夫です。

また、瞑想中、目は「半眼（はんがん）」にするのが一般的です。完全に目を閉じてしまうと眠ってしまうことがあるので、そうならないように、ほんの少しだけ目を開けておきます。

ただ、暗闇が怖い方は、もし半眼でも「怖い」と感じるようであれば、しっかり目を開けてもいいでしょう。

一方で、「目をしっかり閉じたほうがやりやすい」という人は、そのときの状態でやりやすい方を選んでください。


何より大切なのは、リラックスして行うこと。

「瞑想はこうでなければいけない」などと思った時点で、精神的なプレッシャーになってしまいます。それでは本末転倒ですから。

「決まりは何もない。自分のやりやすい状態が一番」

そのように心得て、最もリラックスできる状況を探してみてください。

慣れてくると、自分の思考を断ち切りやすくなったり、気づかなかったことが見えてきたり、新たなアイデアが浮かぶこともありますよ。

いまは
一億総「お釈迦様」時代。

お釈迦様の人生をご存じでしょうか。

お釈迦様の生い立ちを現代風にひと言で言うと〝エリート一族のおぼっちゃま〟です。

釈迦は〝釈迦族〟という部族の王子として生まれ、何ひとつ不自由なく、裕福な環境で育てられます。一族の王様である父親は、後継ぎである釈迦を大事に思うあまり、「年老いた人や病気の人」などを徹底して彼から遠ざけたのだそうです。

だから、釈迦の身の回りの世話を焼いてくれる人は、若くて元気な人や、容姿端麗な人ばかり。

釈迦は、「病気」「死」「貧困」など、この世に存在する〝不幸〟というものをまったく知らないまま青年へと育ちます。

「過保護」を通り過ぎ、立派な「世間知らず」と言ってもよいでしょう。

ところが、王様がちょっと気を許したスキに、釈迦が城の門から出て、普通の人たちのありのままの暮らしを目にしてしまいます。

年老いた人、病気に苦しむ人などを初めて見た釈迦は、大きな衝撃を受け、その後、出家へと至ります。

病気の人、年老いた人、そして死にゆく人を一切見たことがなかった、釈迦。そんな釈迦のことを「世間知らずだなぁ」と笑うことは、誰にでもできます。けれども、よく考えてみてほしいのです。

実は、現代の私たちも、よく似たものではないでしょうか。

難病を発病した患者のアキコさん（仮名）に、こう打ち明けられたことがあります。

彼女は「アンチエイジングケア」が趣味で、仲間たちから「美魔女」とあだ名されるほど〝美しい人〟でした。

「私、ずっと『自分だけは病気になんてならない』って、心のどこかで思って生きてきました。それに、どんな病気も病院にさえ行けば、お医者様がすぐに治してくれるって考えていました。だから私の病気には、すぐに効くような薬がないと聞かされて、頭が混乱しているんです。もっと言うと、お金をかけてケアをすれば、いつまでも若くいられると思ってたんです。『若く見えることに何より価値がある』って、信じてましたから。こんなこと、妙憂さんに言ったら、大笑いされるかもしれませんね」


私は彼女の美しい手をとり、両手で包みました。

そして、話にずっと耳を傾けました。

もちろん、大笑いなどすることもなく、うっすらと涙がにじむアキコさんの目を見つめ、彼女の声にひたすら耳を傾けました。


赤裸々に、自分の思いを明かしてくれたアキコさん。でも、彼女のような考え方の人は、ほかにもたくさんいるはず。むしろ、主流ではないでしょうか。

どこかで「死なない」と思っている。

どんな病気も「病院を頼りさえすれば、お医者さんが治してくれる……」。

なぜ、こんなに「老」「病」「死」が遠くなってしまったのかというと、医学が発達し、医療機関に「丸投げ」してしまうようになったからです。

自然に逝く人が少なくなったからです。

その結果、死は、日常と遠く切り離された〝非日常〟となってしまいました。

もちろんそこには、よい面もあります。

常に死を見続けていたら、人の心は、やはり疲れていくものだからです（生と死が交錯するような医療現場で働く人は、本当に大変です）。

問題は、死との距離があまりに遠くなりすぎて、死の存在自体をリアルに感じられない人が増えていることなのです。

また若い人の場合、肉親を病院や施設で亡くすことも多く、棺におさめられる前のご遺体に接したことがない人も増えています。

けれど、一度でも看取りの経験がある人の場合、「死」の実感はうんと強くなります。

「自分自身の問題」として考えることができます。

たとえば私の息子たちは、父親を自宅で看取ったあと、生き方が変わりました。変化は多岐にわたりますが、ひと言で言えば「地に足をつけて生きる」ようになったのです。そして2人とも、性格がいっそうやさしくなりました。

もちろん死について、常に考える必要なんてありません。

でも「人は、いつか必ず死ぬ」ということだけは、しっかり認識をしておいてほしいのです。その認識があるだけで、病院や医者、医療とのつきあい方は、うんとなめらかになります。

そして、時間を大切にする気持ちも生まれます。

さらには、「人にやさしくしたい」。そう自然に思えるようになりますよ。

それが「人間の器」なのです。

なんだかソワソワするとき、
「心の箱」が
開(あ)いていませんか？

「スピリチュアルペイン」という言葉をご存じでしょうか。

「私なんて生きていても、しょうがない」

「自分の人生は、いったい何だったのだろうか？」

こんな思いが止まらない〝深い魂の痛み〟を言います。哲学的な問いのようなものでもあるため、癒すことは難しい痛みです。

人はなぜ、このようなスピリチュアルペインを抱えてしまうのでしょうか？

大きな理由のひとつに、「誰かのスピリチュアルペインにさらされているから」、ということが考えられます。

たとえば自宅で、はたまた仕事で「看病」や「介護」に携わっている人は、自分がケアする相手のスピリチュアルペインに長時間さらされてしまいがちです。

「なぜ自分だけが苦しい目に遭（あ）わなければならないのか？」

患者さんや被介護者（介護される人）は、このようなスピリチュアルペインをよく抱えているものです。そして周囲に、その答えを尋ねがちです。

当然ながら、尋ねられた側の心は、多かれ少なかれ動揺します。

そのときに、心理的な距離をうまくとれればよいのですが、やさしくて感受性が豊かな人ほど、知らず知らずのうちに相手のスピリチュアルペインに共鳴してしまうのです。

終末期医療や介護の現場で働く人たちに、離職や休職が多い背景には、このスピリチュアルペインにさらされる機会が多いということが、あるはずです。

そのような人たちこそ、本当は適切な心のケアを受けるべきなのです。

さらには、最近は老老介護が増えたことで、一般家庭でも心のケアを必要としている人たちが急激に増えています。

このように、誰かのスピリチュアルペインに気づくことを、私は「心の箱が開く」と表現しています。多くの場合、情緒が不安定になります。

個人差はありますが、人は「死にまつわる出来事」に直面したときに、箱が開くようです。

たとえば、東日本大震災では、多くの人の〝箱〟が開きました。

街が津波に襲われる映像などを見て、多くの方は〝痛み〟〝悲しみ〟を深く感じ取りました。そうして魂が揺さぶられることで、たくさんの箱が開いたのです。

魂が揺さぶられない簡単な方法

ホスピス（終末期ケア施設）など、日常的に死と隣り合わせの医療機関では、スタッフの心のバランスを保つ仕組みを整えることも大切でしょう。実際に、そういった試みも始まっています。

けれども、在宅で看護や介護に携わっている人に対してのケアは、そう進んでいません。誰にも助けを求めることができず、閉鎖された環境でひとりで頑張りすぎ、その結果、患者さんやそのご家族とともに、自分も「心の箱が開いてしまう」。そんなケースが多いのです。

もし、あなたが看病や介護に携わっている場合、相手のスピリチュアルペインに影響を受ける可能性があります。

または日常生活で、ふいに誰かのスピリチュアルペインを受け止めることになり、情緒が不安定になる場合もあります。

そんなときに、あなたの心のバランスを保つための簡単な方法をお伝えします。

「私の魂はいま、相手のスピリチュアルペインに揺さぶられている。私の心は今、バランスを崩している。心の奥底にある箱が開いてしまっている」

そう認識するだけで、バランスを取り戻す方向に、向き直ることができます。

そうならないことを願っていますが、もし心が苦しいと感じたときには、どうか試してみてください。


それは「相手と距離を置きなさい」という意味ではありません。

「やさしくするのをやめなさい」と言いたいわけでもありません。

「心の箱が開く」こと自体はいけないことではありませんし、一度開いたら簡単には閉じられない性質のものでもあります。

ただ、「箱が開いている」あいだは息が苦しくなるような精神状態になります。そのため、看病や介護の役割をまっとうするためには、箱をむやみに開けっぱなしにしない、という姿勢が必要になってくるのです。

「相手の悲しみや苦しみに同調しすぎないことも、相手への貢献になる」

そうとらえてみてください。

あなたまで心身の調子を崩してしまっては、みんなが困ってしまいます。あなた自身を守り、あなたの心を大切にすることこそ、めぐりめぐって、あなたの大切な人のためになっていきますよ。

第 2 章

人と上手につきあう

人間関係とは、不思議なもの。「本当のやさしさ」とは一体何でしょうか。あなたのためにも、大切な人のためにも、考え方のヒントを知っておいてください。

他人様(ひとさま)の悩みは、
解決してあげなくて
だいじょうぶ。

誰かと話していて、あなたがスッキリして気持ちがよいとき。
相手はもしかすると、モヤモヤしているかもしれません。
反対に、あなたがモヤモヤして気持ちが晴れないとき。
相手はスッキリ気持ちがいい場合もあるのです。

人とのおしゃべりというのは不思議なものです。それを遊具のシーソーのようなものだととらえてみてください。

ギッタン、バッタンと動いて、どちらか一方が必ず「上がる」ようにできています。もちろんうまくバランスをとれば、二人の重さがつり合い、どちらもお尻を地面につかずにすむことはあります。

けれども、そんな幸福の瞬間は長続きしないものです。

わかりやすい例を挙げて、説明をしてみましょう。たとえば、あなたがお友達から、こんな〝悩み〟を聞かされたとしたら、どうでしょう。

「夫が重役に抜擢されてしまって、帰宅時間が遅くなって大変なの」

「息子が医学部に合格したの。これから学費が心配だわ」

「娘の嫁ぎ先が立派な家柄だから、私まで気を遣いすぎて疲れてしまうのよ」

これらは〝悩み〟の皮をかぶった〝自慢〟(笑)。ですから相手はスッキリしたとしても、聞かされているあなたがモヤモヤすることは間違いないでしょう。


極端な例ですが、相手との親しさにかかわらず、会話をするとき。

「ひとりがモヤモヤしているときは、もうひとりはスッキリしている」という法則を覚えておいてください。


深刻な相談を受けたときも、同じことです。

あなたが「いいアドバイスをしてあげられた」と、思っているとき。相手はたいていモヤモヤして、納得のいく答えにたどりついてはいないものです。

反対に、あなたが「話を聞くだけで、何の力添えもできず、申し訳ない」と落ち込んでいるとき。相手は、ひそかに悩みの解決策のヒントをつかんでいることが多いのです。

ですから、相談を受けたときは、まじめな態度で聞き流して「話を聞くことくらいしかできなかった」と落ち込むくらいがちょうどよいのです。

じつはお恥ずかしい話、膨大なお悩みを聞いてきた私ですが、「自分の助言のおかげで、他人様のお悩みをズバリと解決してきました」と、申し上げる気分にはならないのです。

思い返すと、駆け出しの看護師だったころ。相談を受けたときには「私が、この人のかわりに問題を解決してあげなければ」という気持ちがありました。けれどもそれは、若さゆえ、未成熟さゆえ。他人様のお悩みを解決するだなんて、実はとても〝傲慢（ごうまん）〟な思い込みだと気づくようになっていったのです。

結局、私にできたことといえば、答えを示すことではなく、ただそこにいることだけでした。

だから他人様の悩みは、〝まじめな態度で聞き流して〟あげてください。

それが本当のやさしさです。

あなたにとっては、それはおそらく難しい道であることでしょう。なぜなら、人は本能的に「尋ねられたら、答えを返したい」いきものだからです。

そこをぐっと我慢して、こらえてほしいのです。

誠実に聞き流すためのシンプルなコツ

「まじめな態度で聞き流す」ことを、本書では「傾聴（けいちょう）」と呼びたいと思います。

「傾聴」とは、文字通り、とにかく「聴く」こと。相手の話に全力で耳を傾けることを言います。

そこに、お説教や批判、アドバイスや励ましは不要です。

なぜなら、真の意味での答えは、その人の中にしかないからです。

悩んでいる人が自分の中にある答えを見つけ出すプロセスを邪魔しない姿勢、それが「ただ聴く」こと、つまり「傾聴」なのです。

もちろん、相づちをうったり、同意を求められたときに「そうですね」などと返すことは必要ですからずっと黙っているわけではありません。

相談者と、相談を受ける側の話の比率は「8対2」くらいがちょうどよいのです。

理想を言えば「9対1」でもよいくらいです。

やさしい人が相談をもちかけられたとき。相手のことを思うあまり「自分の体験談」などを話し始めてしまい、この比率がどんどん逆転していくことになります。

「具体的なアドバイスを〝お土産(みやげ)〟として持たせてあげたい」

そんな思いに駆られてしまうのです。

実際に私が相談をお受けするとき、その時間の9割は、患者さんによるおしゃべりが続いています。

1割が、私による相づちです。

ただし単調な印象を与えないため、抑揚をつけて「ウン」「ウン、ウン！」「ウーン……」。バリエーションをつけて、いろいろな「ウン」を繰り返しています。

私を訪れてきてくださる患者さんたちは、だいたい30分ほどお話しされるうちに、皆さん、お顔つきがやわらかくなってきます。

また、「相手が黙ったら、私も黙る」。

このシンプルな原則さえ守れば、相手に「お土産をあげたい」という誘惑を、うまく受け流せるようになるはずです。相談中に、会話が途切れることは、悪いことでも気まずいことでもないのですから。

沈黙しているときは、その方が抱えている問題について、真剣に考えていることが多いもの。

それを温かく見守るためにも、聞き手も「黙る」という姿勢が正解なのです。

やさしくするのに、
長台詞（ながぜりふ）はいらない。

人はみな、違う運命を背負い、生きています。

人生観だって、それぞれ違います。

さらに言えば、何に関心があるのか、何を欲しているのか、何を心配しているのかもまったく異なります。

だから、たとえ同じ言葉を聞いたとしても、その反応は、人の数だけ存在します。本当の意味で「人の痛みにふれる」という行為は、簡単なことではないのです。


たとえば、同じ病気で、同じような進行具合のAさんとBさんがいたとしましょう。同じシチュエーションで、私がお話をうかがったとします。

私が口にした言葉を聞いて、Aさんは「よかった」と感じてくださっても、Bさんの心にはまったく響かない。

そんな事態は、もちろん起こり得ます。

つまり、人の痛みにふれようとするとき。「この言葉を言えば、どんな人にも確実に届く」という、魔法のフレーズなんて、存在しないのです。

相手に向き合い、その方のことを少しずつ探っていくしかありません。

また、単純に長い時間、相手に向き合ったからといって、喜んでもらえる保証もありません。1時間向き合って、じっくりその方の話を聞いたから、必ずしもいいケアができるというわけではないのです。

反対に、たとえば初対面でそっと肩に手を置かせていただいただけで、心の深いところまで通じるようなことも、ときにはあります。それは、たとえて言うとクリティカルヒット（会心の一撃）。さらに言うと、待ちに待ったホームランのようなものです。

もっとも、それはとても珍しいことです。

人の痛みにふれさせていただくことは、それほど難しいことなのです。

では、相手にやさしくしたいとき。

心の痛みにそっとふれさせてほしいとき。

いったいどうすればよいのでしょうか？

大切なことは、「どんな言葉をかけようか」と表面的な部分で悩むことではありません。

それよりもまず、そこに〝いる〟ことです。

たとえ無言で一緒に座っているだけでも。

相手の冷え切った心を温かくしたり、かたくなに凝り固まった心をやわらかくほどいたり、不安をやわらげたりすることができます。

そこに〝いる〟ことを許されるのは、いったいどんな場合でしょうか？

言葉にするのは難しいのですが、それは、真に相手の方の「利」のためだけに、そこにいるとき。

ほんのわずかでも、聞き手が「自己満足」のためにいるのではない、そんな場合でしょう。悲しみを抱えた人には、その違いが自然とわかってしまうものです。

とはいえ、あまり小難しく考えず、あなたはあなたのままで、相手に向き合い「二人の場をつくる」ということに集中してみてください。

相手に語りかけることよりも、まずは同じ空間にいさせてもらうことを第一に考えるとよいかもしれません。

そこから、ゆっくりと始まってゆくはずです。

最後にいつも、「かもしれない」をつけましょう。

「お父さんの病気を、絶対に治したいんです」

そんな殊勝(しゅしょう)な言葉が口癖の20代女性、まり子さん（仮名）のお話をしましょう。

彼女の気持ちは、よくわかります。けれども、ちょっと待ってほしいのです。「絶対」という言葉は、きつすぎる言葉です。極端な言葉であり、それを聞く人の心に、よくも悪くも大きな衝撃を与えます。

すると……。「絶対○○する」という思いが、万が一叶わなかったとき、心は大きな痛手を負ってしまうことになります。

「言葉」と「現実」がかけ離れていると、心は苦しいものなのです。

「ではいったい、どのように考えればよいのですか？」

私はまり子さんにこうお答えしました。

「失礼に聞こえたら、ごめんなさいね。私も、お父さまの病気が治ることを願っています。けれども、あえて『絶対』という言葉は使わないでみてください」

そしてこう言い換えるようお願いしました。

「お父さんの病気は治る、かもしれない、いい、かもしれない」

なんだか心もとない言葉に聞こえるかもしれません。でも、それでよいのです。

また、それとは別の日に、がんを治療中の女性と、その娘さんに質問を受けたこともあります。

このお二人には、正反対の持論がありました。

母親は「抗がん剤を使えば、どんながんも絶対によくなる」。

娘さんは「どんながんであれ、抗がん剤治療は、絶対に体に悪い」。

「どちらが正しいですか？」と詰め寄るお二人に対して、私は「どちらも正しくない」とお答えしました。

なぜなら、どちらも「他人様のものさし」で判断しようとしていたからです。

お釈迦様の教えに「弦の張り方」のたとえがあります。

「弦をきつく張りすぎても、良い音は出ない。かといってゆるすぎても、良い音は出ない。ちょうど良く張られている弦が、良い音を出すのだ」というものです。

つまりこれは、自分が出したい音（目的）に合う張り方がちょうど良い張り方である、ということになります。

この親子の場合、最終的な判断の基準になるのは、お母さんが今生（今の人生）を「どのように生き抜きたいか」であって、「抗がん剤が効くかどうか」という科学的なデータや誰かの意見が基準であってはいけません。

つまり、母親が〝自分自身のものさし〟で判断すべきなのです。

その点をしっかりつかめていれば、目的に合った「ちょうど良い弦の張り方」つまりは「どの選択をするのが自分のベストか」が見えてくるはずです。

あなたを苦しみから救う「魔法の言葉」

そもそも仏教のおおもとにある考え方は「同じところにとどまるものは何ひとつない」というものです。

つまり、諸行無常です。

あらゆることは、流れ流れて、変わっていきます。

この世の中で見えていること、あるように思えていることは、実は何ひとつ〝そのままのかたち〟であり続けることはないのです。

つまりは「○○でなければいけない」という偏った考えも、「万人に正しい」と思える答えもありません。

また、この世のなかは、すべてにおいて陰と陽が存在しています。

良いことがあれば、悪いこともある。

うまくいくときもあれば、いかないときも、同じだけある。

たとえば「抗がん剤でがんが治っていく」としましょう。それが「陽」の作用とすれば、「陰」の作用として、正常細胞がやっつけられ、免疫力が低下するかもしれません。

ですからどんなときも「中道（ちゅうどう）」の心で、バランスをとることが大事なのです。

仏教の教えにある「中道」とは、簡単に言えば「極端な考えを避け、バランスよく生きる」ことです。


「絶対」という言葉を使うのは、わざわざそのバランスを壊しにいくようなもの。

万一成功しなかったとき、心は「言葉」と「現実」の矛盾に苦しめられることになります。

だから「かもしれない」というくらいの、どんな結果に転んでもいいというくらいのゆるさが大切なのです。

「治るかもしれない」し、

「治らないかもしれない」。

そんなどちらともとれるあいまいな言葉で、あなたの心を守ってください。

「かもしれない」とつけることで、不思議なほど肩の力は抜けるものですから。


苦しいとき、心配なとき、迷うとき。

「かもしれない」

「すべては変わりゆく」

という魔法の言葉を、思い出してください。

心を中道に戻し、すこしずつ落ち着くことができることでしょう。

あなたの考えは、
くるくる変わっていい。

まじめな人ほど「考え方を変えてはいけない」。

そう感じていらっしゃるかもしれません。

もちろん長い人生のあいだ、感じ方や価値観をまったく変えず、その人独自の考え方を一貫させることができれば、それは素晴らしいことでしょう。

けれども、そんなことが、いったいうまくできるものでしょうか?


状況が変われば、違う見方の意見になることもあるはずです。

そんな衝動を、無理やり抑(おさ)えることはありません。

大事なことは、あなた自身が苦しくならないように、そのときどきの素直な考えをつむいでいくことです。


仏教には「慈悲(じひ)」という言葉があります。

日常で耳にする機会もあると思います。

この言葉は「慈」(メッター/慈(いつく)しむ)と、「悲」(カルナー/悲しむ)がひとつになった、珍しい言葉です。

「慈」も「悲」も、愛情に満ちた感情であることに変わりはないのですが、意味合いが少し異なります。

「慈」とは、相手の幸せを心の底から願う気持ちです。

たとえば、転んだわが子が、ひざから血を流して泣いている。それを、駆け寄って助け起こすのではなく「見守っていてあげるから、自分で立ち上がりなさい」というのが「慈」です。

一方、「悲」は、相手の悩み苦しみを取り除いてあげたいという気持ちです。

たとえば、転んだわが子に気づいたとたん、駆け寄って助け起こし、抱きしめるというのが「悲」です。

「慈」よりも積極的に、相手を助けようとするイメージです。

この2種類の愛情について、あなたはどう感じますか？

小さなわが子の自立を見守るか、無条件に手をさしのべて力を貸すか。

これは、どちらの姿勢が「優れているか」ということでなく、「相手がどれほど困っているか」「心身がどれほど弱っているか」などで、おのずと決まってくるものではないでしょうか。

つまり、自分はどんな状況か、また相手がどんな状態かで、あなたの考えはくるくる変わってよいのです。


まずは状況を、よく見極めてください。

それから、あなたの考えや態度を決めましょう。

「慈」も「悲」も、誰もがもっている感情です。

その感情を臨機応変に使い分けることが、あなたにとっても周りにとっても、大切なことです。

状況に合わせることが、なにより大切な心構え

このお話をすると、反論されることがあります。

「ぶれない自分でいたいんです」

「時と場合で、態度を使い分けるなんてできません」


けれども、よく考えてみてください。

じつは、考え方や話の内容を柔軟に変えるということは、大事なことです。

あのお釈迦様だって、説法の内容を相手によって変えておられました。

お釈迦様のおっしゃったことをまとめたお経には、内容が相反(あいはん)していて矛盾するようなこともよくあります。

それはお釈迦様が話している相手や、その時の状況が異なるからです。

このように、そのときどきによって伝え方を変える説法を「対機説法(たいきせっぽう)」と呼

びます。

でも、誤解しないでくださいね。

お釈迦様は、気まぐれで説法の内容を変えられていたわけではありません。相手の人格や年齢、教養、性質、周りの環境などを熟知しているからこそ、その人が理解できるように説いたのです。だから、お釈迦様の説法を聞いた人はみな、その教えをすんなり理解できたといいます。

「状況に合わせる」「相手に合わせる」ということは、何より大切なことなのです。

あなたの考え方や態度は、風に吹かれる柳のようにかたちを変えていいのです。

大切なのは、もっともっと深いところ。

「自分自身に軸があるかどうか」なのですから。

「過去」にねじれた糸は、
「今」ほどけばいいんです。

長い人生、どんな人でも不幸な出来事に見舞われてしまうことはあります。

そんなとき、その原因を過去にまでさかのぼって後悔したり、自分や誰かを責めたりしてしまう人がいます。

たとえば70代の女性患者、田中さん（仮名）は、まるで口癖のようにお姑さんについての愚痴をこぼされていました。

「私がこんな大病になってしまったのは、お姑さんのせいですから……」


とはいえ田中さんのお姑さんは、すでに数年前に亡くなられています。

彼女は結婚されてからずっとお姑さんに冷たくされ、その厳しい仕打ちに耐えてこられました。そのためでしょうか、お姑さん亡きあとも、昔の仕打ちが忘れられず、病気の原因をお姑さんに求めておられるというわけです。

病気の原因をお姑さんに押しつけることで、田中さんの心が安定するのであれば、「それはそれでよい」とも言えるでしょう。

けれども実際のところ、田中さんの心は、いつお会いしても「安らか」と言える状態ではまったくありません。それどころか、お姑さんへの〝憎悪〟という形の執着は、どんどん大きくなっていくようにさえ、感じられました。

このような場合、お姑さんという「過去」に執着しないほうが賢明です。「今」の自分を大切にして、幸せで満たしていくことが何より大事なのですから。

一度起こってしまった不幸な出来事を、「なかったこと」にするなんて、誰にとっても難しいもの。でもじつは、「今」の自分の心を満たしていくことで、過去を修正することができるのです。

たとえば、「楽しいと思うことは何ですか？」と尋ねられたとき。「温泉へ行きたい」「おいしいものを食べたい」など、3つや4つは思いつくことでしょう。なるべく小さな楽しみを見つけ出すようにしてそれらを実行すれば、今のあなたの心をすこし満たせることになります。

「過去」「今（現在）」「未来」は、ひと連なりの糸でつながっています。

「過去」の地点で糸がねじれたり、こんがらがっていたり、切れてしまいそうなほどピンと緊張しきっている場合。なんとか手を下せる「今」の地点の糸を、やさしくゆるめてあげればよいのです。

そうすれば、「今」生まれた余裕が「過去」にまで伝わり、そこでの緊張がだんだんとほぐれていくことでしょう。


どんな人にも、つらい過去はあるものです。

けれどもそれがあったという事実は、どうにも変えられません。

だから、「過去」に焦点を合わせてもがき続けるのではなく、ピンと張った糸を「今」の時点からゆるめていくのです。明るい未来を予感しながら、「今」をしっかりと見つめて、できる範囲で変えていきませんか。

それが、私たち人間が持ち合わせた「智恵」というものなのです。

心配にはおよびません。
人間は、
自分で後始末（あとしまつ）ができる
いきものですから。

自分が入院することになったとき。

家族が闘病することになったとき。

「この先」のことを思いわずらう人は多いものです。

まだ見ぬ「最期」について、ついつい考えてしまうことだってあるでしょう。


でも、どうか心配をしすぎないでください。

人間は、自分で後始末ができるいきものです。

命を終えることに、難しい技術も訓練も、リハーサルも、必要ありません。

人は誰でも、そのときがくれば、まるで呼吸をするように、自然に旅立てるようになっています。

なぜ、そんなに自信をもって言い切れるのかというと、私の夫の旅立ちが、まさにそうだったからです。

死とは「生の延長線上にあるもの」「日常の地続きにあるもの」なのだとすんなり納得させてくれました。

夫は「ほどよくドライ」に、枯れていくように自然に旅立っていきました。

映画やドラマでよく描かれるような「激しい死」「苦しい最期の瞬間」というイメージとは無縁。呼吸も穏やかで、体からは何も流れ出てきませんでした。

「人間は自分でちゃんと自分自身の後始末をして、きれいになって、死ぬようにできてるんだなぁ」

私はそう身をもって実感することができました。

「妙憂さんは、それまでに死に際の光景なんて、たくさん見てきたでしょう？」

そう不思議に思われるかもしれません。

たしかにその通りです。

でも、私が「夫の看取り」より前に見てきた死は、あくまで病院で迎える「患者さんの死」です。

体にとっては、もはや不必要な点滴のおかげで、サードスペース（細胞と細胞の間）に水分が染み出し、パンパンに皮膚がむくみあがった手足。そのため、少し清拭(せいしき)しただけで、皮膚がペロリとむけてしまうご遺体に、私はこれまで何度も向き合ってきました。

誤解を恐れず言うと、末期の患者さんへのほとんどの点滴とは、医学的に見て、何かの症状を改善してくれたり、痛みをやわらげるような効果は、ほぼありません。

「水分補給」などという〝正義の御旗(みはた)〟のもと行われるわけですが、実際はむくみの原因となり、患者さんの体に負荷を与えるだけです。

さらに言うと、点滴の弊害は、むくみだけにとどまりません。

旅立ちのあとに、いろんな体液が体中からもれ出てしまうのも、実は体が処理しきれなかった点滴のせいです。

けれども、夫は点滴をしていなかったため、ほどよく枯れ、死後に体液がもれ出すことなんて、まったくなかったのです。

そんなことを、身をもって教えてくれた夫に、私は今でも感謝をしています。

「体にとって余計なことはしないほうが、きれいに旅立てるよ」

彼は私に、そう教えてくれたのです。このような旅立ち方について、ひとりでも多くの人に知ってほしいと思えてなりません。

余話（よわ）

最愛の家族（ひと）を「自然死」で看取るということ

たとえ「看護師失格」と思われようとも……

2005年に入院して、大腸がんの治療を続けていた夫。その5年後、膵臓の「膵胆管」というところに転移して、さらなる治療が必要になりました。主治医から抗がん剤治療を提示されたとき、夫は、ハッキリとこう答えました。

「もう治療はしたくありません」

それは、「がん細胞を叩ける可能性のある抗がん剤治療を選ばない」ということを意味します。当時の私は「医療の力は、全面的に借りるべき」と考えていましたから、夫と激しく対立しました。

「治療をしない」という夫の選択は、「家族への愛がない」としか思えなかったのです。

「彼は家族がどうなってもいいと思っている」という思考回路になり、私はいつもイライラしていました。

フリーランスのカメラマンだった夫は、「自分が撮影したフィルム類を、整理したい」という理由で、自宅に戻ることを主張し続けました。たしかに、抗がん剤治療を始めると、たとえ通院という形でも、副作用で写真の整理どころではなくなるでしょう。ただ、私はその価値観を、当時は理解してあげることができませんでした。

いったん言い出したら聞かない夫は、最後まで我を通しました。ですから、私たちはいつまでたっても平行線です。本当に数週間は毎日、「治療をするかしないか」で随分と言い争いました。彼も私を説得できるような言葉をもっておらず、「もう病院は嫌だ」というような感情論を振りかざすしかなかったのです。

ただ、一番の問題は夫の膵臓と胃の間に短いチューブが入っていたことです。タンパク質のカスなどで、この管がすぐに詰まるのです。放置すると炎症などのトラブルを起こして、腹水（ふくすい）が溜まり、お腹が腫（は）れあがってしまう。定期的に管を入れ替える必要がありました。

もっともその手術自体は軽いものなので、1日で退院できるのですが、その処置のためにたびたび通院するのは、体力の落ちた体には大変なことでした。

「入院すれば、ラクなのに」と思わずにはいられませんでしたが、夫は入院生活を拒み、必要なときだけ病院の力を借りる、という在宅療養のスタイルを押し通しました。

もちろん、主治医とのウマは合いません。当然1〜2週間入院することが必要な期間でさえ我慢できない夫は、2〜3日で「もう帰る」と言い出します。

こんな夫のことは「言うことをまるできかない面倒な人」と見られていたことでしょう。もしかすると、「奥さんは看護師なのに、なんで夫ひとり説得できないんだ」と思われていたかもしれませんね（笑）。

「治療もせずに家に帰るんだったら、あなたのことはもう診（み）ないよ」

夫は主治医から、何度もこんな言葉をかけられていました。

普通の神経の持ち主であれば「先生のおっしゃる通りにいたします」と従うでしょう。でも、そこは根性のある夫、「診ないよ」と言われると「ありがとうございます」とすかさず返していました。もちろん、主治医はカンカンです。

でも、夫にとっては、それが「ベストアンサー」。他の人の価値観と、どれだけ異なっていても、彼にとってはそれがベスト。

それはそれで、仕方がありません。結局、在宅療養の間にのべ3回も管の交換の処置のために入退院を繰り返しました。

2回目の管の交換のあと、容態が急変して救急車で運ばれ、強制入院になったことがあります。今回ばかりはじっくりと入院加療が必要だと、医者からは諭されました。しかし夫は病院から脱走して、体中にチューブを巻き付けたまま、ひとりで電車に乗り、着の身着のまま自宅に〝逃げ帰って〟きました。

私は、「夫はそこまで病院が嫌なのか」というショックと、驚きと、病院への申し訳なさで、玄関に立ち尽くしました。

一方、息子たちは、父親をひと目見て「あっぱれ！」と褒め、ゲラゲラとずーっと笑い転げていました。

そんな明るい息子たちに気勢をそがれた私は、怒る気力もスーッとなくなり、「とりあえず病院へ戻ろう」と説得をする気分も消え失せました。


——


病床にある夫と過ごしていると、「看護師の立場としては」という建前が、いくつも崩れていきました。たとえば、お酒を飲みたがる夫にどう対処したものか、最初は悩みました。もともと彼は無類の酒好き。晩酌を欠かさない人だったのです。それも、決まって芋焼酎のストレートでした。

先の長くない人なのだから「少量のお酒であれば〝アルコール消毒〟になるだろう」「体も温まるだろう」と自分自身に言い聞かせ、用意するようにしました。
主人がおいしそうに目を細めてお酒を飲む姿は、今でも鮮やかに覚えていま
す。
そのうち、酒好きの夫に大きな問題が降りかかりました。おちょこすら持て
なくなってきたのです。私が彼の口元に、おちょこを運ぶことが増えました。

こんな私の姿を目の当たりにしていたからでしょうか、息子たちも、食事介
助をよく手伝ってくれました。
当時、長男は看護学生、次男は小学2年生でした。
あるときから、私は10種類ほどのおかずを少しずつ用意して、それらをひと
つひとつ夫の口元に運び、食べられるものを探すようになっていました。
その「食べられる」「食べられない」というところにゲーム性を見出したの
か、息子たちは食事介助をすすんで手伝ってくれました。
「これは食べられたよ！」「無理だったよ」

他人様から見れば、自分の親に対して失礼で、不謹慎な行動だったかもしれません。でも、そんな不真面目（ふまじめ）な明るさがあったからこそ、私は続けられたのです。

そのうち、息子たちの出番も徐々に減るようになってきました。いよいよ、固形物が食べられなくなり、さらには「流動食」も夫はほしがらなくなってきたのです。それは「おいしくない」ということではなく、もう「食べないでよい」という体のサインだったのでしょう。

救いは、夫がお酒を変わらずほしがってくれたことです。ただ、もうそのころになると、おちょこからは飲めません。

そこで私は、シリンジ（注射器のような形の、液体

を注入する医療器具）で、夫の口にお酒を「入れる」ことにしました。

一般的な医療関係者の方が知ったら、卒倒する人もいるかもしれません。

でも、私は夫が喜んでくれるのを見て「それでよい」と感じていました。

真夜中に起きた、摩訶不思議なできごと

旅立ちが近づいてきた夫は、だんだんと私には理解ができない行動をとるようになりました。

たとえば、ある日のこと。冷蔵庫を開けると、夫の仕事用の鞄がたくさん入っていたのです。

私は、あきれながらも「なにやってんの、またぁ……」という軽いノリで急いで片付け、笑って済ませました。

実はそのころ、夫の徘徊が始まっていました。朝の4時ごろから、ひとりで

起きて家中をぐるぐると徘徊（はいかい）するのです。旅立ちの3か月ほど前の話です。

私は夫のどんな行動についても、笑って軽く流すようにしていました。

当時は夫から目が離せないこともあり、彼の行動のひとつひとつの意味を深く察するのは、なかなか難しいことでした。

そのようなわけで、冷蔵庫に冷やされた鞄の本当の意味に気づくことができたのは、お恥ずかしい話ですが、夫の旅立ちのあとでした。


フィルムというものは繊細なもので、冷蔵庫で保管します。

「あの人が仕事用の鞄をいくつも冷蔵庫に詰め込んでいたのは、フィルムを冷やしているつもりだったのではないか」

夫の死後、ふとした拍子（ひょうし）にそう気づいた私は、愕然（がくぜん）としました。

「あの人は、鞄を冷蔵庫に入れたとき、まだ写真を撮るつもりだったのかなぁ」

「もっともっと、仕事をしたかったのだろうか？」

そう思うと、ひとりでに胸が熱くなりました。

たくさんの鞄を冷蔵庫に入れたことをなじったり、怒ったり、嫌味を言ったりしなくてよかったと思いました。

夫の徘徊が始まってから、大きな子どもがまるでひとり増えたような感覚で、日々のあわただしさは増し、ドタバタの毎日でした。けれども、着実に別れのときは迫っていました。

いよいよ旅立ちまで1か月という時期。そのころ、出てきた悩みは「排泄」でした。夫はいよいよ動けなくなってからも「紙オムツは嫌だ」と言う人でした（最後の最後は、喧嘩ずくで紙オムツにしてもらいました）。

それまでに、トイレに間に合わず、ベッドやトイレまでの廊下で粗相をする、というアクシデントには、何度も見舞われました。

ただ、毎日のようにその後片付けをするのは、きついことでした。また夫の体の自由がきかなくなってくると、トイレへの往復には介助が欠かせなくなります。体格のよい夫を抱きかかえるようにして廊下を行き来するのは、大変な肉体労働でした。

もちろん夫も私に気を遣うのでしょう、彼は独力でトイレに行きたがります。少し目を離したすきに、ひとりで壁伝いに行こうとするのです。

たいてい途中で私が気づいて介助をするのでいいものの、真夜中など何度かひとりでトイレで転んでいることもあり、何度もヒヤッとさせられました。あるときなどは、洋式の便器と壁の間に上半身を挟まれるように転んでいることもあり、心臓が縮み上がるような思いをさせられました。

でも、そんなとき、夫は決まって「エヘヘ」と照れたように笑うのです。

そこで、私も湿っぽく、悲惨にならないよう「また転んじゃって、アウトォー！」などと明るく接するようにしていました。だって、そこで怒ったり不機嫌になったりしても、誰も楽しくないですからね……。

――

　ある晩、不思議なことが起こりました。

「今日も、絶対にひとりで行かないでね」

　と彼に言いながら、隣の部屋の布団に私が入ったあと。彼の寝ている部屋の引き戸が「ガガガガガッ」と開くような大きな音がしたのです。その引き戸は、私の部屋に面したほうではなく、トイレのほうに面したものでした。

（あら、またひとりでトイレに行くつもりかしら……）

　私はいったん布団から起きました。

　すると、彼の「ハァハァ」という苦しそうな息遣いが聞こえてきたのです。

　普段であれば「また、ひとりでトイレに行こうとして！」などと、夫の介助に飛び出すところでしたが、そのときはなぜか「ひとりで行ってもらおう」という気持ちになりました。「また転んでもらって、痛い目にあえば、もう懲りてひとりでは行かなくなるだろう」という計算が働いたのです。

私は息をこらして、耳をすまし、しばらくじっとしていました。すると、夫の苦しそうな息は、すうっと消えていったのです。


心配になって夫の部屋の戸を開けると……。

夫の部屋のトイレのほうに向かう引き戸は、閉まったまま。そして夫の体は「おやすみ」と言ったときと同じ体勢で、掛け布団も首までかかったまま。でも私はその数分前に、引き戸が開いたような大きな音を間違いなく聞いています。

狐につままれたような気持ちで夜明けを待ち、急いで母に電話をしました。すると、母にこう即答されてしまったのです。

「それは魂がもう抜けちゃったんだわ！　もうそんなに長くないわよぉ。覚悟して、いろいろ準備しなさい」

わが母ながら、ズバズバと遠慮のない失礼な言い方だとあきれました。
でも、さすが年の功と言うべきでしょう。夫が旅立ったのは、大きな物音がした日の翌日の午前2時ごろだったのです。「魂がもう抜けちゃった」という母の指摘のとおりでした。

夫が旅立った直後、私は彼が言い残してくれたとおりに、淡々とやるべきことを進めました。「夫の胸にすがって、いつまでも泣き続ける」というようなことはありませんでした。

経験された方ならわかっていただけると思いますが、残された側には、やるべきことがけっこうたくさんあるのです。彼は「何も必要ない」というような無頼（ぶらい）な人でしたから、私がやることは普通よりも少なかったと思います。それでもいろいろな手続きに気ぜわしいものでした。

「戒名（かいみょう）はいらないから、実名で墓に入れてほしい」
「お葬式はいらない」

「仕事の関係者にも一切知らせなくてよい」

「お坊さんはいらない」等々……。

ただ、母に「家運が下がる」と猛反対をされ、お坊さんは呼ぶことにしました。

西洋医学の常識を覆す、あまりに美しい死にざま

また担当の在宅医には、報告の電話をすぐにしたのですが、来てくれたのは午後2時ごろ。つまり死後12時間経ってからの到着でした。私たちはその間、夫を着替えさせ、夏場だったので葬儀屋さんにドライアイスで冷やしてもらいました。

遺体の処置といえば、それだけ。

なぜなら夫の体はむくみとは無縁で、「ほどよくドライ」に枯れていたからです。病棟で遺体に対して行われるいわゆる「エンゼルケア」の類は、まった

く無用でした。

それに生前は、終末期医療にはつきものの「痰（たん）」に悩まされることもありませんでした。

点滴を続ける間は、余分な水分が痰として現れるため、常に口内除去を行わなければいけません。けれど、必要なとき以外に水分をとらなかった夫の場合は、一時期をのぞいて、痰が口にたまったり、のどで絡まるといったことがありませんでした。ですから、私の心配をよそに、呼吸はいつもおだやかそのもの。はじめは本当に驚いたものです。

無理やり水を飲ませたり、過剰な点滴をしたり……。それらがいかに体に不必要なものか、夫は身をもって教えてくれました。

私はそれまで、看護師として何百人もの看取りに立ち会ってきましたが、これほど美しい死にざまは、病院で見たことがありませんでした。

じつは、極力医療の力を借りず「治療をしない患者」を看取った経験自体が、初めてだったのです。

「ほどよくドライ」な夫の遺体は、〝西洋医学漬け〟だった私の価値観をがらりと変えてくれました。


とはいえ、誤解のないよう申し添えておきたいのですが……。

「何が何でも自然死を推奨したい！」というわけでは、けっしてありません。

自然死を、すべての人に強要したいわけでもありません。

あくまでも、本人の望む「逝き方」がベスト。

そんな思いをますます強くしています。

しかし、死とは不思議なものです。そのような旅立ちまでの助走期間をわが家でずっとすごしていたため、私たちのショックは「少なかった」というか、「亡くなった」と頭でわかってはいても「普段」の暮らしがまだ続いている感じがしてなりませんでした。「夫が生きていること」と、「夫が死んでいること」の差がほとんどない、と言えばよいでしょうか。

在宅で介護し、看取りまで行うことは、死生観に大きな影響を与えるのだと、あらためて気づかされました。

――

とはいえ、私たちの心はやはり大きな影響を受けていたようです。葬式を済ませたあとも、次男は小学校に行こうとしませんでした。

「お母さんまでも、どこかに行ってしまうのではないか」という心配で、登校できなくなったようでした。私は、まだまだ幼い次男と、かたときも離れず、ともに過ごすことに決めました。そして、看護学校に通う長男とスケジュールを合わせては「月に数回は人気のテーマパークに出かけて、親子3人で1日中遊ぶ」という、まるで夢のような時期を過ごしました。

（結局、夫の旅立ちから3か月目で、次男は自発的に登校を始めました）

私はそのころ、とにかく心の欲するままに動いていました。

今思えば贅沢な話ですが、数か月、毎日花屋さんに顔を出して、気分がおもむくまま、花束を買い続けました。驚いたのは花屋さんです。

親しくなり「何のお商売をされているのですか」と聞かれるような関係になりました（笑）。常軌を逸した行動、と思えるかもしれませんね。でも、振り返ってみれば、遠慮なく「常軌を逸したおかしな行動」をすることで、気持ちのガス抜きをしていたのです。おかげで、ほかの社会生活で支障が出ることはありませんでした。やはり、つらいときには「好きなことをして自分をうんと甘やかすのがいい」と感じています。

とはいえ、毎日花に囲まれ、遊んで暮らし続けられる身分でもありません。夫の死後3か月目。そろそろ働かなければと思いました。

けれども、なぜかそのとき、「仏教に帰依したい」という気持ちが湧いてきました。私は大学生のとき、中国を訪ね歩いたほどのシルクロード好きだったのです。自分自身のことを「前世は、仏教に帰依する修行僧だった」と何度も感じたことがありました。

もっとも、それは一時的な熱病のようなものでしたから、前世云々のことなど忘れていました。

大学卒業後、いったん弁護士事務所に就職しました。その後生まれた長男が重度のアレルギー体質だったことから、「長男専属の看護師になろう」と勉強し、結果的に本当に看護師になって働いてきたのですが……。

「復職せずに、仏教を学びたい」と上司に報告に行ったところ、予期せぬことでしたが「いい知人を紹介しよう」と、高野山（こうやさん）を紹介されることになります。

そこから私の僧侶としての道も始まりました。

まったく、人生とはどのように展開していくかわからないものです。

夫の手のぬくもりは、誰にも奪われることはない

今の私が夫について、率直なところをお話しさせてもらうと……。

映画や小説でよくあるセリフのように「もう一度会いたい」などという思いは、あまりありません。なぜなら、私たち親子の周りにいつもフワフワといてくれている感じがするからです。亡くなってから数年経った今でも、です。

とはいえ、彼は「死んで仏様になった」というような立派なイメージでもありません。人の体の形をした〝入れ物〟がなくなっただけで、そこらへんに粒

となって漂っている気がするのです。

たとえば今でも、夜になると、家がガタガタ、ギシギシと鳴ることがあります。

木造の古い家だから、ガタがきているだけでしょうが、物音がする度、反射的に「あ、夫が来ている」と思ってしまうのです。その度に親子で「お父さんだねぇ」と言い合うのですが、怖がるわけでもなく、とくに喜ぶわけでもない。自然に「今日も来ているねぇ」と温かい気持ちで受け止められるのは、やはり在宅療養で旅立ちに伴走したからと思えてなりません。また、私の中に実感として夫のぬくもりが残っているからでもあるでしょう。

――

それにしても、夫の「死」という分岐点を境に、子どもたちは「根っこ」のところが明らかに変わりました。
日常の先に〝死〟があると肌をもって実感し、「それでも生き抜いていく」と、覚悟が決まったのかもしれません。

たとえば長男は、働く場所の希望を変更しました。夫の存命中、看護学生だった長男は「小児科勤務」希望。けれども夫を見送り、看護学校卒業後は「在宅医療の世界で頑張りたい」と言い出し、その夢に近いところで働いています。

一方、次男はまだ小学生でしたから、将来の明確な青写真はなかったようです。けれども、暮らしのなかでその「優しさ」をひしひしと感じる瞬間が増えました。

電車とサッカーが大好きな〝普通の男の子〟ですが、究極のところで、人への思いやりやあたたかさを持ってくれている気がします。

また、残された私と息子らは「肉体はなくなったけれど、お父さんという存在はいる」という認識を共有するようになりました。

私たち母子3人の〝根っこの絆(きずな)〟は、夫のおかげで一層強くなったと言えるかもしれません。

在宅療養中、夫が私の手をそっとにぎってくれたことがあります。

彼は普段、そんなことをする性格ではありませんでしたが……。

その感触は、私の中にいまだに残っていますし、そのときの情景も私の記憶に鮮やかにあります。

今後、私がどれだけ年をとっても、どれだけつらい目にあっても、その感触と記憶は、誰かに奪われることはないでしょうし、色褪(あ)せることもありません。

これからも、夫の手のぬくもりの感触と記憶をときどき味わいながら、自分の人生を歩んでいければ、それ以上の幸せはないと思っています。

第3章

あわてずに将来へ備える

誰にもわからない未来に気をとられ、貴重な時間を無駄遣いしないこと。「さあ、今日は何を頑張ろう」「明日は、何を楽しもう」そんな心でありたいものです。

肉体は滅びても、
魂は自由になる。

「命って、やっぱり死んだらそこで終わるんでしょうか？」

あるとき、60代の女性に聞かれたことがあります。仏教での考え方も教えてほしいと言われたので、次のように簡単にお話をさせてもらいました。


お釈迦さまは、すべての「生きとし生けるもの」を、6つの分野に分けられています。地獄界、餓鬼界、畜生界、修羅界、人間界、天上界の6つです。

私たちは、これらの6つの苦しみ迷いの世界で「遠い過去から今日まで、生まれ変わり死に変わりを続けてきた」という考え方や信仰もあります。

そして、車輪が際限なく同じところを回るようにこれからも未来永劫、生死を繰り返し、苦しみ続けて行くと説かれています。

このような考え方を「六道輪廻」と言います。

つまり、人は人として亡くなっても、それまでの生き方によって違うところに生まれ変わることもあります。宗派によって差はありますが、基本的に仏教では、そのように説かれています。

私もこの「生まれ変わり」については、信じています。「亡くなったあと、その人を形づくっていた粒のようなエネルギーが、まだ、ただよっている」と、よく実感するようになりました（191ページ）。この〝ただよっている粒〟には、まだ意思があり、自由にいろいろなものに入り込むことができるようです。

たとえば私の夫は「小さな虫になって、よく出てきてくれました」。

夫が亡くなって10日。私たち家族の夕食の食卓に、突然トンボにも似た羽根虫（それも、とても大きな！）が現れたのです。

そして、私たち3人の目の前の醤油さしの上に、そっと止まりました。

普段、食卓に虫が飛んできたら追い払ってしまいますが、そのとき私たち3人は、まるで打合せをしていたかのように、手を出さず、じっとその虫を見つめました。そして長男が「お父さんだね」と言いました。

次男もパッと表情を明るくして「そうだよ、お父さんだよ」と騒ぎ始めます。

私も内心、そうなのだろうなと思い、食卓を静かに見守っていました。

だからといって、私たちがその虫にこだわって、ことさら大事にしようとしたわけではありません。どこかに飛んでいってしまっても、「また別のものになって来てくれるだろう」と思っていました。実際その通りで、数日おきに、虫はのべ十数回も来てくれたのです。あるときは私の箸(はし)の上にピタッと止まったことすらありました。

「お父さんのお葬式は済んだ。けれども、お父さんはまだ、ここらへんにただよっているよねぇ。まだ宇宙に戻らず、家の中をうろうろしてくれているよねぇ」

そう考えることが、自然だと思えてなりませんでした。

肉体がほどけて、粒が自由になる。それが死の姿です。ですから、私には、虫になって気ままに食卓を訪れてくれる夫のことを、ある意味「うらやましい」とも思いました。また、ほんの少しですが「次元が変わる」という未知の体験への恐怖も、薄れたのです。

しばらくして虫はぱたりと出なくなりました。「彼は〝全体〟に還り、宇宙と同体化できたのだろう」そう思うと、少し寂しさがやわらぎました。そして「よかったねぇ、そこにいくまで、さぞかし大変だったでしょう」と心の中で、彼をねぎらったことを覚えています。

あなたも、似たような境遇に置かれたとき。悲しむばかりでなく「亡くなった人をねぎらう」。こんな感覚をもってみてください。心が落ち着くかもしれません。

あなたが選んだ道こそが、
なにより美しい
花道となるでしょう。

わたしたちの人生は、「判断の連続」です。

もちろん、その判断の程度は小さなものから大きなものまで、さまざままです。

「夜ご飯は何にしようかしら」こんなささいなことから「どの業者さんに介護ヘルパーをお願いすればよいのかしら」といった重要な選択まで。

私たちは最善と思われる道を選びとっていかねばなりません。

また仕事の現場では「どこの誰と取引をするか」というような責任重大な決断を迫られることもあるでしょう。


なかでも難しいのは、健康や命にまつわることではないでしょうか。

たとえば、いくつかの治療法から「あなたがよいと思う方法を選んでください」と主治医に言われたとき。

悩んでしまう人は多いものです。


そんなとき、大切なことはただひとつ。

どの選択肢を選ぶにせよ、覚悟を決めてほしいのです。

「最後は、自分でケツを持つ」

「私は私自身で、責任をとる」

これが、「覚悟」です。

「最後は自分でケツを持つ」というところさえ腑に落ちていれば、本人はもちろん、またその周囲の人たちも、不幸になることはないでしょう。

つまり、人生を他人任せにしてはなりません。

人生の舵取りは、いかなるときも自分自身で行うべきです。

それこそが、幸せを得るための正しい手段。

たとえどんな道を選んだとしても、あなた自身が選んだ道ならば、それはなにより美しい花道となるでしょう。

自分の人生の舵取りを放棄して、決断を誰かにゆだねてしまうことは「無責任」なことです。また、悲しいことでもあります。

決断を他人任せにしておいて、あとから「主治医はこれをすすめてくれたのに?」などと、他人様をなじることは、ひとつの〝悲劇〟と言ってもよいでしょう。

もちろん「決断すること」「選ぶこと」が、どれだけ難しく、苦しいことであるか。私は今まで数千人の「決断する苦しみ」に伴走してきたので、よくわかっているつもりです。

また、おこがましく聞こえるかもしれませんが、私はあなたの痛みについてもお察ししているつもりです。だからこそ「そんな大事な〝仕事〟を他人様に丸投げしないで!」と叫ばずにはおれないのです。

どんなにつらくても、あなたの人生の主人公は、〝あなた〟です。

(都合よく代役が出てきて、つらい局面をかわりに切り抜けてくれれば、どれほどラクなことでしょうか……! 私も夫を在宅医療で看ていたときは、よくそう夢想したものです)

もっとも「他人任せにしてはいけない」と言っても、「他人の力を借りてはいけない」という意味ではありません。たとえば誰かに話を聞いてもらうことは、よいことでしょう。

「最後に決めるのは、あなたしかいない」ということです。

「最後の最後、自分のケツは自分で持って当たり前」

そんな姿勢こそ、すがすがしく生きるためのコツなのです。

迷って悩んでも、いい。
一度決めたら、
それが「ベストアンサー」。

「後悔しないように頑張ります」

日常のあらゆる場面で、そう宣言される方は多いのではないでしょうか。

職場でも、家庭でも。

「この仕事を選んだのは私自身なのだから、後悔しないようにしよう」

「いったん引き受けた役職なのだから、悔いがないように全力を尽くそう」

こんな考え方をする人は珍しくありません。

その心意気は立派なものです。

けれども、人とは「後悔してしまう動物」だと知っておいてほしいのです。


もちろん、私自身だってそうです。

末期がんの夫を自宅で看取りましたが、いまだに後悔することがよくあります。

「もしあの時、もっと積極的な治療をすすめていたら、彼はいま、ここにいたのではないかしら……」

これが、看護師でもある私がときどき苛まれる大きな後悔のひとつです。

そんなとき、私は冷静に考えるようにしています。

夫の気持ちに反して、つらい治療に挑戦していたとしましょう。

その場合にもきっとあとから「つらい治療なんてわざわざ受けさせなければよかった」と悔いていた気がするのです。

つまり人は、決断に迷ったとき、どの道を選んでも、後悔をしてしまうようにできています。

他人を責めることもあれば、自分を責めたくなることもあります。

けれども、そんなことをしても、誰も幸せにはなりませんよね。

幸せに生きていきたいと願うとき。

「後悔」を生きる原動力にするのは絶対にやめてくださいね。

これは、あなたへのお願いです。

「後悔」は、あなたの胸をキリキリと締めつけるだけで、決して何も生み出してはくれませんから……。

そして、どんな経緯があるにしても「自分が決心して実行したことが、ベストアンサー」。その瞬間に出せる、最高の答え。

そう心に刻んでください。

過去に戻ってやり直すことは、誰にとっても絶対に不可能なことだからです。

「あの方法しかなかった」

「あのときは、ああして一番よかったのだ」

そうとらえるだけで、あなたの心は守られ、うんと生きやすくなりますよ。

正解は、ひとつじゃない。
「何もしない」だって、
立派な選択肢。

いざ治療を始めるとき。多くの方が戸惑うのは、患者さん側で〝決断すべき事柄〟が、意外とあることです。

たとえば、がんの場合。その推奨される治療だけでも「外科手術」「抗がん剤治療」「放射線治療」などがあります。

もちろん「どの治療法が効くのか」、医者は選択肢をしぼりこんで、提示してくれるはずです。でも、その中から最終的に決めるのは、患者さんです。

「医学を学んでもいないのに、そんな重大なことを私が決めないといけないの？」

そう嘆(なげ)きたくもなりますよね。

あるとき、80代女性の上田さん（仮名）に、尋ねられました。

「私はもう年だから、がんの大変な治療に耐えられる自信がありません。主治医は強くすすめてくださるのですが、いったいどうすればよいでしょうか？」

私が上田さんにお伝えした原則は、次の2つです。

1つ目は、決断を人まかせにはしないこと（137ページ）。人生の舵取りを他人に委ねた途端、あなたは人生の主役ではなくなってしまいます。

2つ目は、「何もしない」という選択肢を、自分でそっと加えることです。

医者から選択肢を提示されるとき。

よほどのことをのぞいて「何もしない」という道は、ハッキリと示されないものです。なぜなら、医者の考え方の基本原則は「何かをする（医療行為をする）」ということだからです。

少しエネルギーがいるかもしれませんが「何もしない」という道は、患者さん自身が、自分で気づいて、医者に積極的に提案しないといけないのです。

上田さんは、私にこうおっしゃいました。

「『何もしない』だなんて！　今まで一生懸命診てくださってきた主治医を、

がっかりさせてしまうでしょう?　私は失礼で不義理な人と思われませんか?」

そんな気遣いができるのは、さすが〝年の功〟です。

でも、医療の現場では、そんな遠慮はいりません。

「何もしない」という道も、立派な選択肢になることは多いものです。

なぜなら、たとえば彼女のように高齢の方の場合、手術が体にとって大きな負担となるかもしれないからです。

だから「何もしないこと」は、治療から逃げているわけでも、人生から逃げているわけでもなく、〝最善の策〟のひとつだとも言えるのです。

〝正解〟なんて、ひとりひとり、異なるものなのです。

「何もしない」と決めたら、まずはうんとゆっくり深呼吸をしてみてください。

そして「『何もしない』ことを、する」と自分に強く言い聞かせましょう。

書くことで、
「心の免疫力」を
上げましょう。

50代男性の長島さん（仮名）は、診察の度に、主治医に何度も同じことを尋ねていました。

「私の余命は、本当のところ、この先どれくらいなのでしょうか？」

この長島さんに限らず、がんになった人は皆、聞かずにはおれないのです。

「医療の世界はデータが豊富にそろっているし、お医者さんは皆かしこいから、何を尋ねても、ハッキリとした数値で答えがもらえるはず」

そう思っている人がほとんどです。もしかして、あなたもそうでしょうか？

こう言うと、ショックを受けられるかもしれませんが、「答えられない」「わからない」というのが医者の本音のはずです。

でも、そんなあいまいな答えを返したら。

患者さんはがっかりするどころか、その医者のことを信用しなくなったり、尊敬しなくなったりしてしまいますよね。

そうならないよう、たいていの医者は、精一杯、考えながら答えるのです。今では「10年生存率」というデータが、がんの部位別に出ています。だから、「あくまで統計ですが……」と前置きして答えるのが主流でしょう。

また、これはテクニックの話になりますが、余命を聞かれたときは短めに答えると言っていた医者がいました。なぜなら、長めに伝えると、実際がそれよりも短い場合、あと味が悪いからだそうです。

つまり本質的なことを言うと、医者の言葉はあてになりません。

もちろん、医者は懸命にふさわしいデータを探し、あなたの不安に寄り添おうとしてくれています。その姿勢には素直に感謝したいものです。

でも、本当のことを言うと「この先」のことは誰にもわからないのです。

ただ、私たちは「わからない」ということを、わからない状態のまま保留する、ということがとても苦手です。

脳科学的に言うと、人間の脳は「わからないことがある」ということに「違和感を覚える」、もしくは「耐えられない」ようにできているそうです。

ただし、心身ともに健やかであるとき。人は「余命」「寿命」なんて、まったく気にせず日常生活を送っています。それが、いったん病気になったとたん、「余命」のことばかり考えてしまう。不思議な心の動きですよね。

前に触れた、長島さんもこう話してくれました。

「『がんで命が短くなるかもしれない』と思い始めると、余命が気になって仕方がありません。それまでは〝仕事人間〟で、家のことなんてかえりみなかったのに……今では家族の将来ばかり心配して、頭がヘンになりそうです」

彼の言葉に、私は胸が締め付けられるような思いになりました。

ですから、少しでも心が軽くなるような方法をお伝えしました。それは「すぐやりたいこと」を実際に書き出すことです。

「余命を知る」ことにエネルギーを使ったり、気持ちを使うのではなく、むしろ「自分は時間があれば何をしたいのか」と、欲求を見つめるほうに力を使ってみてください。たとえば次のようなリストです（ある60代女性のリストを引用させてもらいます）。

【私の、すぐやりたいことリスト】

- 疎遠になっていた友人と会う。
- 家族で旅行に行く。
- 憧れの歌手、△△△△さんのコンサートを観る。
- 名店のケーキを食べる。
- ゆっくり恋愛映画を観る。
- 結婚前からよく訪れていたデートスポットを、もう一度見ておく。
- 誰への気兼ねもなく、1日ゆっくり銀ブラをする。

- 派手だと敬遠していたけれど、若いころのように真っ赤な服を着る。
- 若づくりと笑われてもいいから、最新の流行のヘアスタイルにする。
- 家の修繕やリフォームをしておく。
- 押入れの中を処分してスッキリする。
- わが子と、ゆっくり向き合う時間をもつ。
- 料理番組で見た燻製（くんせい）料理に、挑戦する。

自分のやりたかったことを書き出す作業は、心をワクワクさせてくれます。

それだけで、〝心の免疫力〟がぐんと上がるはず。

「楽しいこと」を考えると、「楽しいこと」を実現する速度は、早くなります。


逆に、「がんになったら嫌だ」と考えると、発がんの可能性を上げるようにも思えます。

私は看護師として働きながら、「がんとは自分でつくり出すものではないか」と感じたことがありました。それほど、「がんになる前」から、がんのことばかり考えている人に多く接してきたのです。

たとえば40代のサトシさん（仮名）の場合、かかりつけの医者に「あなたの年齢では、まだがんのことを心配しなくてもよい」と言われていてもさまざまな部位のがん検診を自費で受け続けていました。

「私の体のどこかに、きっとがんがあるはずだ」と。

その結果、がんが見つかったとき、「やっぱり、あった！」と思ったのだそうです。私はその話を聞いて、「自分でつくり出したようなものではないだろうか」と思わずにはおれませんでした。

これらを「非科学的な話」と、一笑に付していただいてもかまいません。ただ、人は「思っていること」を引き寄せるようにできています。そもそも、「思っていないこと」より「思っていること」のほうが、起こりやすくなっているのです。

それは、脳科学的にも証明されています。

何度も強く強く思い込むと、脳がそれを「未来のこと」というよりも「実際の現在のこと」と受け止め、そのとおりになってしまう。そのようなメカニズムがあるようです。

ですから、いずれにしろ強く思い込むのであれば、心がワクワクする楽しい未来のほうを思い描きませんか?

あわてないで。
最後はすべてが、
うまくいきます。

いよいよ、人がものを食べられない状態になったら。

食べものを受け付けなくなったり、噛めなくなったり、嚥下できなくなったり、いったん飲み込んでも戻してしまうようになったら。

その体には、もう食べ物は必要ないということ。その人も、食べることに興味がないということです。

そうなったらQOL（Quality of Life／生活の質）よりQOD（Quality of Death／死の質）を考えるべきときです。

本人の意識がなくなった状態で、家族が治療のフルコースを施していいのか。たとえば点滴を続けてもよいのか。難しい問題ですが、逃げずに考えてほしいと思います。


そんな時期になると、本人は「幻視」を見ることも増えてきます。幻視とは、その名の通り、実際には存在しないものを見ることを言います。

人によっては「光の柱」だったり、「大量のアリ」や「人の姿」だったり。

そんなとき、医者はたいてい「精神安定剤を処方して、心を落ち着かせる」という方法をとります。「□□□□が見えた！」などと真夜中に大騒ぎして、家族が眠れなくて困るということもあるからです。

2016年に、台湾の在宅医療の現場を視察させてもらったことがあります。現地の台湾人のHさんという方の看取りに立ち会わせてもらいました。ご家族によると、Hさんは「光の柱が立つ」と何度も訴えられるのだそうです。

すると……。

ここが日本と異なるところなのですが、Hさんのご自宅に、医者ではなくお坊さんがいらっしゃいました。そしてこう答えられたのです。

「万事、順番通りにうまくいっています」

すると、Hさんは「万事うまくいっているんなら安心しました」と、薬を使うことなく、落ち着かれたのです。私は「すごいなあ」と驚きました。

もしこれが日本の医者の場合、「幻視です」と、症状名を告げるでしょう。

そして、患者さんからそれ以上の説明を求められたら「脳が酸欠の状態のため、幻視が見えるのです。ただし、肺機能が落ちてガス交換がうまくできなくなっているので、酸素を補っても治らない」などと答えなくてはなりません。

患者さんやその家族は、頭では納得できるかもしれませんが、モヤモヤとした気持ちは残るはずです。

その点、宗教家であれば、説明は一切いりません。

「万事うまくいっています」

これは非科学的なようにも聞こえますが、死に向かって「万事うまくいっている」のは、たしかに本当でしょう。

それに何より素晴らしいのは、この短い言葉だけで患者さんを安心させ、穏やかにすることができるという点です。このような医学以外の立場の「第三者」が看取りの場に継続的に参加してくれる仕組みは素晴らしいものです。

日本でも、このようなシステムが整うことを、夢見ています。


そして、台湾のお坊さんの言葉「万事、うまくいっています」。

私たちも、うまく活用していきませんか。

たとえ、どんなに不幸に思える事柄に見舞われたとしても、大きな流れで見れば、些細なことであったり、全体として見ればうまくいっていたり。「よくないこと」も見方を変えれば「よいこと」に見えてくることがあります。

「万事、うまくいっていない」と思えてならないときこそ、むしろ「万事、うまくいっている」と、唱えてみる。

すると、あわてず、ラクに生きることができるのではないでしょうか。

人生という火を燃やす。
それができるのは、
あなただけ。

私は職業柄、毎日多くの患者さんのお話を聞いています。

ときどき私のことを気遣って、こんな言葉をかけてくださる方がいます。

「妙憂さんは、いろんな患者さんの話を聞いて、答えないといけないのでしょう。大変なお仕事ですね」


ありがたいことですが、じつはある意味、「大変」ではないのです。

私は、患者さんが、患者さんなりの最上の答えにたどりつけるよう「ひたすら拝聴する」だけなので、「私が、この方のために〝正解〟を見つけてあげなければ」というプレッシャーを感じることは、ありません。

それよりもむしろ、何か口をはさみたくなる衝動を抑えることのほうが、「大変」だと言えます。

相談をもちかけられたり、「話を聞いてほしい」と言われたら、誰だって、「ただ聞くだけではなく何か助言をしなければ」と身構えてしまいがちです。

また親身になればなるほど熱くなって「それは違うでしょう」と、指摘したくなったり。「もっとこうすればいいよ」などと、知っている情報を親切心から教えたくなるものです。

もちろん、私も以前はそうでした（いまでも、たまにそうなります）。

ただ、そんな〝介入〟はおせっかいでしかなく、結局は相手のためにはならないと、経験を積むにつれ気づけるようになったのです。

人とは不思議なもので、心の中にあるモヤモヤとした感情を言葉にして吐き出すことで、気づいていなかった本当の気持ちが見えてくることがあります。

さらにそれを誰かに聞いてもらうことで、迷いが晴れたり、気持ちや考えがスッキリと整理されていくことは珍しくありません。

だから、「黙って聞いてもらう」という誰かの温かいサポートが有効なのです。

答えを出すこと、つまり進むべき道を選択するのは、結局本人にしかできないことなのですから。

「生きる」とは、炎が燃えるのと同じこと

人生の本質的な問いに答えを出して解決できるのは、その人自身だけ……。

私が、そう感じるようになったのは、高野山で「護摩行」という修行を終えたあとからです。

護摩行とは、護摩釜に積み上げた護摩木で火を焚き、途中で油や穀物（供物）を加えたり、葉っぱ（樒）をまいたりして火を燃え盛らせ、仏様をご供養する修行です。

燃え上がる炎の前で数珠を繰り、「真言」と呼ばれる言葉を数千回ほど唱え続けます。

その途中、うまくいかないと、火が消えてしまうことがあります。タイミングが合わなかったり、少しでも気持ちをゆるめるとうまくいかず、釜に組み上げていた護摩木が燃え残って、そのままになります。

この修行は、誰も手伝ってはくれませんし、〝上手な人〟からアドバイスをもらえるわけでもありません。寮監（りょうかん）さん（泊まり込んでいる寮の監守）が見守ってはくれるのですが、「どうでしょうか？」と意見を求めることはできません。

修行者は冷静に、自分の判断を積み重ねていかねばなりません。

それこそが修行の目的だからです。

私はこの護摩行の過程が、「生きる」ということとぴったり重なることに、ある日、ハッと気づきました。

火を焚くのも、火を消すのも、すべて自分ひとりによるもの。誰も代わりに燃えることはできないのだ、と。

そう。人生を代わってあげることは、何人(なんぴと)たりともできないのです。

おかげで修行を終えてからは、どんなトラブルに見舞われても、あわてず立ち向かえるようになりました。

ですから、あなたも誰かに相談を受けたとき。

「どうしてあげようか」「困った」などと、一緒に悩んだり、取り乱すことはありません。火に油をくべるのは、その人自身しかいないからです。

第4章

きれいに後始末をする

これからは人生100年時代。病院やお医者さんとも、うまくつきあっていきましょう。あなただけの「ものさし」があれば、心穏やかに過ごしていけるはず。

延命治療に、
良し悪しはありません。
そこいらの「風邪薬」だって、
延命治療のひとつです。

あるとき、50代女性のゆきえさん（仮名）にこう声をかけられました。

「あらゆる延命治療は〝悪〟ですよね。私、『一切の延命治療を拒否します』って、エンディングノートに書いているんです。これでもう安心です」


私は、ゆきえさんの言葉に少し違和感を覚えました。

延命治療は、一律に「悪い」とは言えません。

そもそも「延命治療」は私たちの日常の中にもあふれています。

たとえば風邪をひいたとき、ドラッグストアで買った風邪薬を飲むことも、延命治療。

頭痛が止まらず、鎮痛剤を飲むことだって、延命治療。

けがをしたときにバンソウコウを貼ることだって、延命治療と言えるのです。

だって、その目的はいずれも「命を延ばすこと」、つまり「延命」を願う処置だからです。

なんだか屁理屈のように聞こえるかもしれませんね。

でも、大事なことだから、言わせてくださいね。

あなた自身のことであれ、あなたの周囲の大切な人のことであれ。

「どこまで延命治療をするか」という問題は、重要な問題に違いありません。

でも、まだかかってもいない病気の治療法について、わざわざ思いを巡らせたり、未来の自分の医療との関わり方を、一方的に決めてしまうというのは、少し早すぎる気がします。

まだまだ先の、起こるかどうかわからないことについて、何日間もぐるぐると悩み続けて、表情から明るさが消えてしまったり、他のことが何も手につかなくなってしまったら。あまりにもったいない話だと思うのです。

それよりまず「すべての治療は延命治療」だと考えてみてほしいのです。

すると、迷いはなくなります。

執着(しゅうちゃく)も消え、「自分に合うやり方がいい」ととらえられるようになるでしょう。

それでもまだ、延命治療のことが気になるのなら。

「自分が最期までしたいことは何か」という点について考えてみてください。

カメラマンだったうちの夫は「写真の整理を自宅でできる限りしたい」という治療についての〝ものさし〟を、しっかりともっていた人でした。

そのせいで、抗がん剤治療も拒んだような人です。

でも、そのおかげで大好きな写真の整理に没頭しながら、まるで枯れるように自分の人生を美しく仕上げていきました。

ぜひ、あなたも、しっくりとくる〝ものさし〟を、探してみてください。

もちろん、それは、ときどきで変わっても大丈夫です。

そのためには、具体的な治療法の名前を挙げるのではなく、「やりたいこと」「理想のあり方」を書き出してみるのが、おすすめです。

たとえば、人工呼吸器を使うと、声が出せなくなります。「最期まで自分の声を出し続けたい」と願う場合、この処置は選ばなければよいのです。

例を挙げておきますね。

「体中に1本のチューブもつけずに最期まで過ごしたい」

「食べ物は口から食べたい」

「枯れるように旅立ちたい」

「みんなに見守られながら逝きたい」

「1日の時間配分は、自分で決めたい」

こんなふうに書いておくと、どんな状態になっても、周りとよりよいコミュニケーションができるはずです。

そして、今思うこともまた、変わっていくものだと知っておきましょう。

お医者さんだって、
神頼みしていますよ。

「1秒でも延命させよう」

医者とは、本能レベルでそう考えてしまう生き物です。


極端な言い方をすると、医療の力、科学の力によって、

「寿命は延ばせる」

そう考えている方がほとんどです。

でも、それは当然のことかもしれません。

医大生のころからずっと、「寿命は延ばせる」という前提で、真剣に学び、技術を磨き、キャリアを積み重ね、その活躍を認められてきた人たちだからです。じつは「死ぬ」ということについては、ほとんど学んでいないのです。


「科学は万能」「医学にできないことはない」、そう思い込んでいる医者でも、不思議なことに究極のところでは「祈り」ます。

特定の宗教の信者でなくても、です。

「命を助けてくれるのは、神なんかじゃない。ゴッドハンドのわたしが患者を救う」

そう豪語していた凄腕（すごうで）のカリスマ外科医でさえ、すごく繊細で難しい手術の前は、ナースステーションの神棚（かみだな）にパンパンと柏手（かしわで）を打って、祈っていました。

そもそも、ナースステーションに神棚が置かれている、ということ自体、「力を尽くしたら、あとは神頼み」という姿勢の表れでしょう。

（いったい誰が設置したのか、わかりませんが……）

「自分が力を尽くす領域」と「あとは神さまに委ねる領域」を分けて考えているのかもしれませんね。

そんな〝医者〟という人間の習性を知り、少し思いを馳（は）せてもらったら、より上手なおつきあいができるはずです。たとえば、何かいきちがいがあったとき、医者を批判しても、何も始まりません。いったん治療を始めたら、病院側にわざわざ喧嘩を売っても、お互いになんのメリットもありませんよね。

医者や医療を批判するような本が近年の流行のようですが、その姿勢も「中道」ではない気がします。

できることなら、身近な医者とは笑顔でおつきあいをするほうが、気持ちよいはず。

だって、血の通う人間同士なのですから。

あなただけの「幸せのものさし」は何ですか？

「セカンドオピニオンを求めようか迷っている」という70代女性のエミさん（仮名）には、〝いつも気にしていること〟がありました。

「妙憂さん、いい病院って、いったいどこですか？　名医ってどこにいるんでしょうか？」

ハッキリとお答えできれば、お互いにどれだけ気持ちがよいことでしょう。けれども、なかなかお答えしにくいというのが本当のところなのです。

「妙憂さんは、いろんな医療機関を知っているでしょう？　お医者さんの知り合いも多いでしょう？　他の人より情報をもっているはずじゃないですか！」

エミさんは、そう反論されます。たしかに、そうかもしれません。

でも、そんな上っ面の情報は、どなたのお役にも立てないはずです。

なぜなら、「いい病院」「いい医者」と言うとき、何が「いい」のか、人によってその〝ものさし〟がまったく異なるからです。

たとえば「いい病院」と言っても、さまざまな「いい」があります。

「総合的にさまざまな診療科がそろっている」「新しい治療法をよく取り入れている」、「建物が新しい」「建物がきれい」「売店が充実している」「駅から近い」……さまざまな尺度で「いい／悪い」があります。

「いい医者」と言うときもしかりです。

「よく勉強をしている」「手術件数が多い」「多くの論文を書いている」「腕のよさで評判が高い」「やさしい性格」……。

最近では、テレビに出ているからよい先生だ、という人もいました。

つまり、その人によって「いい病院」「いい医者」は千差万別なのです。

だから「私の基準とは何か」を見極め、それに合う病院や医者を探していくことが大事になってきます。エミさんは、最後にこう話してくださいました。

「私の場合、足が悪いから、自宅からできるだけ近いか、駅から近いところから探してみます。どんなに素晴らしい治療をしてくれる病院でも、実際に通えなかったら意味がないですしね」

これは「幸せな人生とは」についても言えることです。

「幸せな生き方って何でしょう?」

「幸せな死に方って何でしょう?」

誰の心の中にも、「幸せ」の基準は、ぼんやりとあることでしょう。

たとえば「家族と楽しく暮らすことが幸せ」と思う人がいれば「仕事で認められることが幸せ」という人もいる。

「趣味に没頭することが幸せ」「おいしいものを毎日食べることが幸せ」「勉強できることが幸せ」等々……。

誰に遠慮することもありません。あなたにしか見つけられない幸せのものさしを、早めに見つけておきましょう。

「どんな状況が、一番幸せを感じるか」何度か自分の胸に問いかけるうちに、ものさしがハッキリと見えてくるはずです。

夢なんて、どんどん
前倒しにすればいいんです。

未来を不安がる人は、少なくありません。

「病気になったら、どうすればいいんだろう」

「将来に備えて保険に入っておかなくっちゃ」

「年金は、いったいいくらもらえるのかしら」

はた目から見ていると幸せそうで、順風満帆に見えるような人が、心の中では大きな不安を抱いている……。

そんなことがよくあります。


なぜ大事な「今」ではなく、まだ見ぬ「将来」をわざわざ先取りして、不安になってしまうのか。

じつはそれは、裏を返せば「今は〝大丈夫〟」という証明にほかなりません。


「今まさに火事で、自宅が燃えている」

「大地震が来て揺れている」

そんな瞬間に、将来のことを憂(うれ)えている人なんて、ひとりもいないはずです。

「今」を生き延びることに必死なはずです。

つまり、将来のことが不安になってしまっているときでも、じつは「今」は大丈夫。十分に足りている状態なのです。


〝今〟足りていることに気づいていないなんて、もったいないことです。

「たしかに私は幸せだ」

「〝今〟の状態に、悩むことなんて何もない」

まずはそんな事実に気づいて、その状況を素直に喜んでみませんか。


それでもまだ、未来の不幸を心配してしまうとき。

「なぜ、先回りをして心配してしまうのか」

胸に手を当てて、その理由をゆっくり考えてみましょう。

あなたの心には、何かひっかかっていることがあるのかもしれませんね。

そして、不幸が起こる科学的根拠についても、思いを馳せてみましょう。

「その不幸が起こる確率は、いったい何％くらいなのか」

数字でとらえてみてください。

それは存外、非科学的なことではないでしょうか。

また時間や気力の無駄遣い、はたまた人生の無駄遣いとも言えるはずです。


そんな統計に振り回され、マイナスの感情に引きずられてしまうくらいなら、「これからやりたいこと」を書き出して、着実に実行していきましょう。

たとえば、

「いつか行きたいところがある」

「そのうち出かけたいところがある」

「久しぶりに会いたい人がいる」

「一度見ておきたいものがある」

など、ぼんやり思い描いている、未来の〝楽しいこと〟を、どんどん前倒しにして実現させていきませんか。

そうです、将来の夢なんて、どんどん前倒しにしていいのですよ。

これまで、自分を犠牲にして頑張ってきた人ほど、できない理由を挙げてしまいがちです。

けれど、意外かもしれませんが、実際に書き出してみると、やろうと決めればどれも今すぐ実行できることが多いはず。じつは絶対にできないことなんて、世の中にあまりないと気づくことでしょう。

年齢も、環境も、気にする必要はありません。

心の中ではいつも「楽しいこと」を優先させていきましょうね。

好きなものは、
食べられるうちに、
できるだけ。

がん患者の谷口さん（仮名）には、もともと糖尿病もありました。

あるとき、谷口さんの娘さんからご相談があり、

「今まで断っていた和菓子を、ときどきは食べてもよいでしょうか？」

と尋ねられました。

じつは、その何週間か前に、谷口さんは余命半年と宣告されていました。幸い、まだ食欲はあるので、「血糖値はきちんと測るようにしますから、甘いものを食べさせたい」とのことでした。

このようなケースは非常に多いですし、私自身も夫を看病した経験から、ご家族の心情はとてもよく理解できます。


まずは、主治医の先生に確認してみてください。そして、「ダメ」と言われてしまっても、量の交渉をしてみてください。ほんの少しであれば大丈夫ということもあるかもしれません。

いざ死の直前になって「自由に食べてよい」となったときには、まったく食

べられなくなっていたということほど、周囲の人に後悔を残すことはありません。私はそのような例をたくさん見てきました。

甘いものに限らず、お酒やたばこも同じことです。

「たばこを吸ったら、肺がんになるよ」

「お酒を飲んだら、肝硬変になるよ」

すでに寝たきりで余命いくばくもない人に、そんな忠告をしたところで、どれだけの意味があるでしょうか。でも、本人の幸せを強く願いすぎるあまり、禁欲的な食生活を強いるご家族も、意外に多いのです。

好きなものを味わって、喜んでいる人の笑顔を思い浮かべてみてくださいね。

死ぬときは、
生まれたときと一緒。
エネルギーの粒に
還（かえ）っていきます。

あるとき、私のもとに10代の女子高生が訪ねてみえました。

彼女は「清楚なお嬢（じょう）さん」という印象でしたが、それは一時的な姿。普段はいわゆる〝渋谷系のギャル〟なのだそうです。

ただ、最近大好きなおばあちゃんを亡くしたことがあまりにショックで、派手なアイメイクを施（ほどこ）すことにも、髪をキレイに巻くことにも興味がなくなってしまい、「かなり地味め」に暮らしていると教えてくれました。


「おばあちゃんを亡くしてからテンションが下がったんです。大好きなおしゃれも突然むなしくなって、友達に『変わったね』って心配されてます。私もいつか死ぬと思うと怖くてたまらなくって……。妙憂さんは、修行を積んだから、死ぬことなんて全然怖くないんでしょう？　私も、マジで修行したいかも」


私自身、たしかに修行は積みましたが、死が怖くないわけではありません。自慢できることではありませんが……、私も死は怖いです。

正確に言うと、それは「命がなくなること」そのものへの不安というより

「成人していないわが子らを、残していきたくない」という気持ちかもしれません。

ここで少し、「人」が生まれるときのことを考えてみましょう。

大宇宙に、何億個、何兆個も「粒」が存在しています。

粒は、ひとつひとつに分かれて無限に散らばっています。

それがあるとき、何億個も集められ、そこにものすごいエネルギーが生じて、ひとりの人間となります。

「死」はこの逆です。ひとりの人間が何億個、何兆個の粒に分かれ、宇宙に戻ると考えてください。

大ヒットした歌の『千の風になって』ではないですが、そのようなイメージと言えばおわかりいただけるでしょうか。

「粒」から「人」へ。

「人」から「粒」へ。

つまり、生と死は、次元ががらりと変わるだけなのです。

でも次元がいつ変わるかは未知ですから「こわい」と感じます。死への恐怖とは、「未知の次元の姿に、いつ自分が変わるかわからない」ことへの不安なのかもしれません。


次元を変えた粒のエネルギーは、すぐに消えるわけではありません。日にちが経つごとに、段々と宇宙に混じっていくというイメージです。

仏教には「初七日（しょなのか）」「四十九日（しじゅうくにち）」などの死後の儀式がありますが、それは「粒」が段々と広がり、宇宙に戻っていく時間を教えてくれているように私には感じられます。

人はひとりで生まれて、ひとりで死んでいきます。けれど、もっと大きな視

点で見ると、「全体」とつながっている中で、ひとつの現象を繰り返しているにすぎないのかもしれません。

人にはそれぞれ「今生（こんじょう）に生まれてきた課題」があり、それを達成したら、宇宙へ還るのです。

そんな大きな流れが約束されていると思うと、誰かに頼りすぎたり、他人に期待をしすぎたりする生き方なんて、無意味に思えてきませんか。

私も、死が怖いときは、この命の仕組みを思い浮かべて、心を落ち着かせるようにしています。そして心のザワつきの原因が「子どもたちを残す心配」とつきとめたら、「子どもたちを残しても大丈夫」と思えるよう、その対策に取りかかるようにしています。たとえば、息子たちが自立できるよう家事の手順を教えるなどです。

冒頭の女子高生は最後に、「〝粒〟とか〝次元〟とかはまだよくわからないけど、私も〝今生の課題〟ってやつを考えてみます」と言ってくれました。

若いうちは、今生の課題に気づかないかもしれません。でもそれでもよいのです。

人は一生をかけて、それを探していくもの。

最期の最期に「あれが私の今生の課題だった」と気づけば、それだけで上出来の人生なのです。

みんな、
この世に役割をもって
生まれてきています。

「病気を早めに見つけたくて……。検査を受けるのがやめられません」

あるとき、40代のミホさん（仮名）にそんなお悩みを打ち明けられました。

彼女は健康診断はもちろん、自費でがん検診や人間ドックを多数受けているのだそうです。その考え方と行動力は「素晴らしい」ものです。

でも……。「検査ばかりで疲れて、困っています」とお困りでした。


ミホさんは病気を早く見つけたいがために、念入りに検査を受けるのだそうです。とはいえ、まだ40代。なかなか病気も不調も見つかりません。私は彼女の時間の使い方、意識の使い方が少し気になりました。

たしかに病気は「早く見つける」に越したことはないでしょう。けれども、そのために普段の時間が削られすぎたり、他のことが手につかなくなるようでは、本末転倒です。「病気を見つけること」以外に、彼女には夢や目標があるでしょうし、すべきこともあるはず。

そこで私は夫を例に挙げながら、こんな話をさせてもらいました。

「私の夫は、抗がん剤治療をやめて、積極的な医療介入をせず、在宅で最期まで暮らしました。私は、抗がん剤治療を選んでも、選ばなくても、旅立つ日は同じだったのではないかと考えるようにしています。早く病気を見つけるために、疲れ果てて日々を過ごしても。好きなことをしながら、好きな人たちに囲まれ、穏やかに過ごしても。ゴールの日は同じような気がします」

たとえば、脚立の8段目から足を滑らせただけなのに、打ちどころが悪くて即死する人がいます。

一方で、高速道路でバイク事故を起こし、下の車道に転落しても、搬送された病院からケロッとして歩いて帰るような人もいます。

この2つの事例は、私が実際に接した患者さんのお話です。

どちらも「ありえない！」と思いますよね。私たち現場の医師やナースも、驚かされました。けれども、実際にこんなこともあるのです。

こんな出来事をたびたび目の当たりにするうち「寿命は決まっている」と考

えることが合理的だと思うようになりました。

もちろん、突然、理不尽な理由で亡くなった方は「不幸」と言えるかもしれません。でも、その方は、今生の課題をすでに果たした人と考えることもできるのです。

そして、普通であれば命を落とすような事故に見舞われても、大きな力に守られ、元気に過ごしている人は「今生での課題を、まだこれから頑張って果たしていきなさい」ということなのかもしれません。

『ゾウの時間 ネズミの時間―サイズの生物学』（本川達雄著／中公新書）というベストセラーをご存じでしょうか？ そこでは以下のようなことが述べられています。

私たちは、時間を「1秒」「1分」「1時間」「1日」「1週間」「1か月」といったように、物理的、絶対的な単位を基準に考えています。けれどもそれは、人間だけのルール。他の動物には、大きさによって独自の「時計」があり、別の概念で存在しています。

心臓が1回打つのにかかる時間、呼吸するのにかかる時間、物を食べてからそれらが排泄されるまでにかかる時間、それは、動物によって異なることがわかっています。

心臓がドキンと1回打つ時間を「心周期」と呼びますが、ヒトの場合は約1秒。ところが、ネズミは0・2秒、ネコは0・3秒でとても速い。一方で、ゾウだと3秒もかかります。

人間のなかでも、それぞれ流れる時間は異なる。そうとらえてみてください。

「あの人の死は、あまりに早い」

「わが子は自分より先に逝ってしまった」

そんな悲しみを抱える人に、ぜひこの話を知ってほしいと思います。亡くなった方はすべて、今生の課題を終えられた尊い人なのだと。「人より短い人生」でも「平均寿命より短い人生」でも、その人にとっては、それが最良の長さなのかもしれません。

もちろん、私たちひとりひとりが、自分の寿命を知ることはできません。それなら「今できること」を精一杯頑張るのが、正解ではないでしょうか。もっと言えば「頑張る」必要もありません。

死を恐れず、肩の力を抜いて過ごす。それが、その人も、その周りも、明るく幸せに暮らせるコツのはずです。

心配しなくても大丈夫です。
難しく考えなくても、
みんな、逝けます。

この本では、死についていろいろとお話ししてきました。でも、難しく考えることなんてありません。死に方なんて勉強しなくても、練習しなくても。時期さえくれば、誰でも死ぬものだからです。死ぬ準備をする必要もありません。

問題は、「死なない」と思い込んでいる人があまりに多いことです。

「たしかに人間は死ぬ」ということを、しっかり一度は考えておいてほしいのです。結局は「ひとりで死ぬ」ということをよくとらえておいてください。

それを踏まえて今を楽しく生きているのと、そのことに目をつぶっているのとでは、大きく違います。

あるとき、患者さんのご家族の男性から、こんな言葉をかけられました。

「人は、いずれ死ぬのですから、よりよく生きなければいけませんね」

もちろんその通りです。その心意気は素晴らしいと思います。

でも、そんな姿勢も、本当は必要ないのかもしれません。

死は、生と地続きのところにあります。決して特別なものではありません。

運動会の徒競走のように、数分間で終わる場合、全力で走り抜ければよいですが、人生は長いものです。常に死を意識して全力で走り続けると、すぐに疲れてしまいます。ゴールを見据えつつ、楽しみながら笑いながら、〝歩く〟くらいでちょうどよいのです。


まじめになればなるほど、幸せに生きられるというわけでもありません。

なぜなら、その姿勢も決して「中道」ではないからです。

なにごとも「中道」の心で、難しく考えすぎず、準備だけにとらわれず、「今」を生きていきませんか。

誰でも平等に「逝くことができる」と思えば、心が温かくなるはずです。

「たしかに、今まで『死ななくて困った人』なんていないですものね」

そう言って、ご家族の男性は、にっこり微笑まれました。

―「おわりに」に代えて―

お読みくださったあなたさまへ

いかがお過ごしでしょうか？　毎日毎日があっという間で、まばたきひとつしているうちに季節が移っていくようです。

わたしのほうは子どもたち2人と、あいかわらず元気に、多少さわがしく暮らしております。

さて、お読みいただき、どのようにお感じくださったでしょうか。

世の中には、わたしなんぞより学が深く、徳の高い方々ばかりですので、顔から火やら汗やらが噴き出す思いでおります。

でも、師僧である大下大圓（高野山傳燈大阿闍梨／千光寺住職）を筆頭に、家族、職場の仲間、患者さん、編集スタッフの皆さん等、たくさんの方々が熱心にお力添えくださり、なんとか形になりました。

もし本書のなかで、「へえ」「ほう」「なるほど」など、すこしでもあなたさまのお心に残る一節がございましたなら、本当に嬉しく思います。

ちなみに執筆中は、清々しい風の入る静かな部屋で、あなたさまとふたりきりでお話しさせていただいているつもりで書きました。

本を読んでいただく前から勝手にお力を借りてしまったので、いつかお礼をしなければなりませんね（笑）

わたし、いつもは東京都の緩和ケア病棟に勤めております。

近いうちにぜひ、本当にお目にかかって、ゆっくりお茶でもいただきながらお話しいたしましょう。

それでは、お目にかかれるその日まで、どうぞおすこやかにお過ごしください。

あなたさまのコップが、いつもいっぱいでありますように。

玉置妙憂　九拝

Photo by TETSU-Tamaoki

玉置妙憂（たまおき・みょうゆう）

看護師。僧侶。二児の母。

東京都中野区生まれ。
専修大学法学部を卒業後、法律事務所で働きはじめる。生まれた長男が重度のアレルギー症状をもっていたことをきっかけに、「息子専属の看護師になろう」と決意。国立病院機構東京病院の看護学校で学び、看護師、看護教員の免許を取得。看護師として病院で働きはじめる。

その後、看護学校で教鞭をとっている頃、カメラマンだった夫のがんが再発。夫は「がんを積極的に治療しない」方針をかため、自宅での介護生活をスタート。最愛の夫を“自然死”で看取ることになるが、その死にざまがあまりに美しかったことから開眼。家族と職場に出家を宣言し、高野山真言宗にて修行をつみ僧侶となる。

現役の看護師として緩和ケア病棟に勤務するかたわら、患者本人や家族、医療と介護に関わる多くの人々の心を穏やかにするべく、院外でのスピリチュアルケア活動を続ける。医療にも宗教にも偏らないその独自の考えに、感銘を受ける人が続出。自身の体験がNHKや朝日新聞をはじめとするメディアで紹介されて、さらに話題となる。

現在も、子どもが“親の介護と看取り”について学ぶ「養老指南塾」や、看護師、ケアマネージャー、介護士、僧侶が“在宅での看取りとスピリチュアルケア”について学ぶ訪問スピリチュアルケア専門講座を展開する「非営利一般社団法人大慈学苑」の代表を務めながら、講演会やシンポジウムを開催するなど、幅広く活動。

著者最新情報はこちら

玉置妙憂 公式サイト「慈憂庵」

http://myouyu.jp/

非営利一般社団法人 大慈学苑 公式サイト

https://myouyu.net/

メールマガジン「慈憂庵便り」
登録は以下のQRコードから

本書は2018年6月に小社より刊行された
『まずは、あなたのコップを満たしましょう』を再構成・改題し、文庫化したものです。

尼僧看護師がみつけた
心の痛みがきえる
28の言葉

2020年7月26日　第1刷発行

著者　玉置妙憂

発行者　大山邦興
発行所　株式会社 飛鳥新社
〒 101-0003
東京都千代田区一ツ橋 2-4-3 光文恒産ビル
電話　03-3263-7770（営業）　03-3263-7773（編集）
http://www.asukashinsha.co.jp

編集協力　山守麻衣
ブックデザイン　小口翔平+加瀬梓（tobufune）
イラスト　くぼあやこ
撮影　石井勝次

印刷・製本　中央精版印刷株式会社

ISBN978-4-86410-774-7

編集担当　三宅隆史・伊藤和史